HENRI BRENIER, A. LACROIX, LÉON BARETY,
GÉNÉRAL GOURAUD, E. DU VIVIER DE STREEL,
AMIRAL LACAZE, ALBERT DUCHÈNE, GABRIEL HANOTAUX,
FRANÇOIS PIÉTRI, PERETTI DE LA ROCCA,
CAMILLE GUY, LUCIEN HUBERT.

La Politique coloniale

de

la France

Conférences organisées par la Société des Anciens Élèves
et Élèves de l'École libre des Sciences politiques.

LIBRAIRIE FÉLIX ALCAN

LA POLITIQUE COLONIALE

DE LA FRANCE

HENRI BRENIER, LÉON BARÉTY,
EDMOND DU VIVIER DE STREEL, ALBERT DUCHÈNE,
FRANÇOIS PIÉTRI, CAMILLE GUY, A. LACROIX,
GÉNÉRAL GOURAUD, AMIRAL LACAZE, GABRIEL HANOTAUX,
PERETTI DE LA ROCCA, LUCIEN HUBERT.

LA
POLITIQUE COLONIALE
DE LA FRANCE

CONFÉRENCES

*Organisées par la Société des Anciens Elèves et Elèves
de l'Ecole libre des Sciences Politiques*

PARIS
LIBRAIRIE FÉLIX ALCAN
108, BOULEVARD SAINT-GERMAIN, 108

1924

AVANT-PROPOS

Lorsqu'en 1908 la Société des Anciens Elèves et Elèves de l'Ecole libre des sciences politiques a publié, dans la collection à laquelle appartient le présent volume, une série d'études sur « Les forces productives de la France », elle a eu soin de mentionner notre activité coloniale, qui est « productive » au sens le plus large du mot. Le sujet méritait d'être repris isolément et c'est à l'exposé de ses aspects si divers qu'ont été consacrées les grandes conférences de l'année 1923-1924, reproduites dans les pages suivantes.

Des raisons nombreuses justifiaient ce choix. Depuis la guerre, nos colonies nous sont, en quelque sorte, devenues plus chères : à d'attachants souvenirs plus anciens s'est ajouté celui du concours qu'elles nous ont apporté dans le péril récent ; nous leur savons gré, en outre, d'ouvrir des horizons nouveaux à notre vie intellectuelle et aux énergies nationales.

C'est, toutefois, à un point de vue plus pratique que se sont placés les organisateurs des conférences contenues dans ce volume. Ils ont tenu compte, avant tout, de la nécessité qui s'impose à la France, cruellement éprouvée par la guerre, de reconstituer, de grouper et de développer toutes ses forces.

Ce qui préoccupe, en particulier, le public français, depuis quelques années, est de savoir jusqu'à tel point nous pouvons compter sur nos colonies pour nous approvisionner en matières premières, surtout en textiles, et en produits alimentaires. Nos industriels et nos commerçants se demandent, en outre — et quelques-uns sous la menace d'une crise de chômage — si nos colonies fourniront enfin des débouchés appréciables à nos articles manufacturés, dont beaucoup sont entrés dans la phase de surproduction. Il ne suffit pas, pour cela, que les territoires coloniaux soient favorisés par la nature, il faut qu'une organisation et des travaux appropriés y aient établi, d'une manière durable, un degré de civilisation matériel et moral assez élevé.

Comment se fait-il que des problèmes, d'une si grande portée et dont l'opinion publique s'est décidément emparée, ne soient encore qu'à peine posés ? C'est, en partie, que notre empire colonial *actuel* est de formation relativement récente, que l'attention des gouvernements, les capitaux de l'épargne et l'activité privée ont été détournés vers des difficultés plus graves et dont la solution s'imposait avec plus d'urgence.

Mais, il faut en convenir aussi, l'intérêt que le public français porte aux choses coloniales ne s'appuie pas encore sur cette connaissance précise de son objet sans laquelle il n'est pas d'action efficace.

C'est à combler cette lacune que tend la publication du présent volume, qui constitue un essai de synthèse et de vulgarisation exécuté par des conférenciers auxquels leurs travaux habituels ont donné la maîtrise des questions coloniales.

Sous les auspices de présidents, qui étaient eux-mêmes des coloniaux ou des hommes que le service du pays, dans des fonctions éminentes, a conduit à connaître et à aimer ses possessions d'outre-mer, ils ont évoqué la vie de celles-ci en ce qu'elle a de plus intéressant pour les Français, dans les circonstances actuelles.

En raison de l'importance des questions économiques, c'est par une conférence sur les ressources des colonies et sur leurs débouchés que débute le volume. L'énumération qu'elle présente est des plus suggestives et pleine d'encouragements pour notre commerce. Mais un territoire, colonial ou autre, ne vaut que par sa mise en valeur, et, d'ailleurs, le but de notre colonisation est, par tradition, civilisateur ; aussi une large place a-t-elle été réservée à l'étude de la politique indigène. Les conférences suivantes exposent la situation des travaux publics qui permettront de pousser de plus en plus activement l'exploitation des ressources naturelles, décrivent et jugent les moyens de communication existant entre la métropole et les colonies, l'organisation administrative de celles-ci, leurs finances publiques et leurs régimes monétaires. Une dernière conférence rappelle les grandes lignes de notre politique coloniale en insistant sur l'examen du régime douanier, qui constitue une pièce essentielle dans l'armature de tout empire colonial.

La lecture de ces pages, où l'esprit critique tient sa place à côté de l'ardeur des convictions, donne une idée d'ensemble de la tâche grandiose assumée par la France sur tous les continents, des buts qu'elle se propose encore, des moyens dont elle dispose pour y atteindre, et des avantages positifs que pourrait lui assurer — sagement conduite — l'exécution du plan colonial actuellement soumis au Parlement.

I

LES RESSOURCES DES COLONIES FRANÇAISES ET LEURS DÉBOUCHÉS

CONFÉRENCE DE M. Henri BRENIER

Directeur général des services de la Chambre de Commerce de Marseille.
Ancien directeur de la Mission lyonnaise en Chine
et des services économiques du Gouvernement général de l'Indo-Chine.

DISCOURS DE M. A. LACROIX

Secrétaire perpétuel de l'Académie des Sciences

Après avoir remercié M. Paul Ernest-Picard de son aimable présentation et M. Paul Lacroix de sa présidence, et rappelé ses souvenirs de l'Ecole, M. Brenier tient à faire saluer par l'auditoire un des héros survivants de notre épopée coloniale : M. le Général de Trentinian, présent dans la salle. Compagnon de Francis Garnier dans la conquête du Tonkin, — où 100 Français ont assis, en quelques jours, notre influence sur un delta habité par près de 5 millions d'hommes — il a, plus tard, conquis et administré le Soudan français et demeure une des grandes figures de la colonisation française. M. Brenier commente ensuite, dans l'ordre ci-dessous, de nombreuses projections. Les pages suivantes sont une mise au point de son exposé.

MESDAMES, MESSIEURS (1)

Avant d'analyser avec quelque détail les ressources que nous offre notre domaine colonial, leurs débouchés actuels ou possibles, — il n'est pas inutile de rappeler quelques faits et quelques chiffres d'ordre géographique, dont certains sont trop souvent perdus de vue.

Si nos colonies se rencontrent dans toutes les mers du globe, il suffit de regarder un planisphère pour se rendre compte que ce qui l'emporte, et de beaucoup,

(1) 17 décembre 1923.

c'est l'énorme bloc africain, puisqu'il en représente un peu plus des 9/10ᵉ en superficie (9.357.000 kilomètres carrés sur un total de 10.200.000), en y comprenant la Côte des Somalis et Madagascar. Pour ce qui est de l'Afrique du Nord et de l'Ouest, où le bloc se trouve surtout concentré, il faut distinguer quatre régions bien tranchées : 1°) la frange méditerranéenne, — très élargie, au Maroc, sur l'Atlantique, — sorte de réplique plus âpre de notre Provence, en Tunisie et en Algérie du moins ; 2°) le *Sahara* (c'est un lieu commun géographique de dire que : « l'Afrique commence au désert »), et les régions qui lui ressemblent : toute la Mauritanie, une partie du Sénégal et du Soudan, la plus grande partie du Territoire du Niger et une bonne partie de celui du Tchad ; 3°) la région des plateaux, ce qu'on a appelé la *région soudanienne* proprement dite, avec ses savanes et, là où la terre est plus riche, ses grandes cultures, de mil notamment ; 4°) ce qu'on pourrait dénommer *l'Afrique tropicale*, qu'il s'agisse de la Grande Forêt Equatoriale ou de celle de la Côte d'Ivoire, ou des palmeraies du Golfe de Guinée et du Bas Cameroun. Les géographes de métier chercheraient légitimement querelle à cette classification, qui devrait être beaucoup plus nuancée ; mais elle suffit pour une simple vue d'ensemble. Si l'on fait abstraction des parties sahariennes, ou quasi-sahariennes, — ou, si l'on préfère, « désertiques steppiennes », — qui couvrent, il est vrai, une énorme surface, soit 3 millions 1/2 à 4 millions de kilomètres carrés sur environ 8 millions 1/2, (cette fois-ci sans Madagascar, ni la Côte des Somalis), il reste encore tout de même un domaine grand comme sept ou huit fois la France, peuplé de 24 millions d'habitants. Ce peuplement est

d'ailleurs insuffisant, comme nous le verrons en termi-
nant, surtout dans l'Afrique Noire proprement dite. Il
n'en demeure pas moins que l'Afrique septentrionale
et occidentale française, — telle qu'elle se comporte en
terre et en hommes, — permet d'escompter des résultats extrêmement intéressants.

La Côte des Somalis se résume en *un port* : Djibouti,
qui, lui-même, n'a de valeur que parce qu'il sert, —
grâce au chemin de fer, long de 783 kilomètres, construit avec notre argent et par nos ingénieurs, — de
porte d'entrée et de sortie pour [l'Abyssinie, ou, (c'est
le nom que ses habitants préfèrent), l'Ethiopie, pays
extrêmement montagneux d'environ 1 million de kilomètres carrés et de 10 ou 12 millions d'âmes, dont les ressources, (sauf le café et les peaux), sont à peine connues
et exploitées. Madagascar et ses dépendances (qui sont,
on l'oublie trop souvent, au *sud de l'Equateur*), en y
comprenant non seulement les Comores, mais la Réunion, représentent sans doute un territoire plus grand
que la France (584.000 au lieu de 550.000 kilomètres
carrés), mais la grande île est très peu peuplée, sauf sur
certains points de la côte (densité moyenne : 5,8 au kilomètre carré), et il faut considérer comme pauvres les terrains archéens (gneiss et micaschistes), qui forment la
plus grande partie du plateau central, d'une altitude
moyenne de 1.000 à 1.200 mètres, lequel couvre à son
tour à peu près la moitié de la largeur totale de l'île.
Il y a d'ailleurs des parties plus naturellement fertiles
même sur le plateau, notamment, (mais pas exclusivement), dans les régions d'origine volcanique. Les terrains primitifs eux-mêmes sont susceptibles d'amélioration par les amendements calcaires dont l'effet a été si
merveilleux en Bretagne dans des sols analogues, amen-

dements que Madagascar peut fournir sur place (phosphates en nodules d'Ambato), sans parler des phosphates que l'on peut importer de certaines îles toutes voisines, égrenées dans le Canal de Mozambique, comme Juan de Nova, (plusieurs millions de tonnes de phosphorites, d'une teneur de 62 0/0), ou de l'Afrique du Nord ; sans parler non plus des phosphates d'os que pourrait fournir un cheptel bovin extraordinairement abondant. La côte Nord-Ouest, et la côte Ouest et Sud présentent des caractères tout à fait différents, l'ouest et le sud surtout. Ceux-ci sont des pays secs, propices à l'élevage. La Réunion, si active soit-elle, relativement, n'est qu'une petite île, presque toute en montagne, de 1.980 kilomètres carrés, c'est-à-dire plus petite que le plus petit des départements français, celui du Rhône (2.859 kilomètres carrés), et ne contenant que 168.000 habitants (à peu près la population de la ville de Nantes).

Donnons un souvenir en passant à nos cinq « territoires » ou plutôt « villes » de l'Inde : Pondichéry (la seule qui compte vraiment, avec ses 50.000 habitants), Chandernagor, tout près de Calcutta, Yanaon et Karikal sur la côte Est, Mahé, sur la côte Ouest, — tout ce qui nous reste de l'empire que nous avait valu le génie de Dupleix. Avec l'Indochine, nous en avons reconstitué un en Asie, dont la population, — surabondante dans le Delta du Tonkin, — les richesses naturelles, extrêmement variées, déjà actuellement exploitées ou d'un développement possible, en font, sans conteste, le plus beau joyau de la couronne coloniale de la France. D'une superficie de 710.000 kilomètres carrés, peuplée de 18 millions d'hommes qui sont en accroissement, l'Indochine, si bien nommée, est placée entre les 350 millions d'Hindous et les 450 millions de Chinois,

sans compter les 9 millions de Siamois, les 60 millions
d'habitants de la Péninsule malaise, de l'Insulinde et
des Philippines — , et, plus lointains, mais liés tout
de même à elle par des liens commerciaux fort intéressants, les 80 millions d'habitants du Japon et de
ses colonies . Notre « France d'Asie » est donc au
centre de 950 millions d'hommes, c'est-à-dire de *plus
de la moitié du genre humain*. On ne saurait trop insister sur l'importance de ce *fait*, — notamment pour
la question des *débouchés* de ses ressources ; et nous y
reviendrons.

Nos possessions océaniennes, ou plutôt polynésiennes : Nouvelle-Calédonie ; Nouvelles-Hébrides,
(condominium, mais avec une prépondérance énorme
des intérêts français sur les intérêts britanniques :
677 colons français, contre 223 Anglais ; 780.000 hectares de terres entre des mains françaises contre
130.000 hectares aux Britanniques ; 4.633.000 francs de
marchandises françaises, contre 1.454.000 francs de
marchandises d'origine métropolitaine anglaise importées) ; la centaine d'îlots constituant, avec Tahiti
comme centre, les Etablissements français d'Océanie,
— représentent, en tout, 38.000 kilomètres carrés — et
15.000 Français (1) c'est-à-dire *le groupement européen le plus important du Pacifique*, en laissant de
côté bien entendu l'Australie (qui est un continent) et
la Nouvelle-Zélande. En Polynésie proprement dite, les
Anglais ne sont qu'environ 6.000. Les Américains aux
Hawaï sont 80.000. Mais nous venons après eux, — et
je me rappellerai toujours l'étonnement que cette révé-

____

(1) Non compris les 2.310 déportés maintenant concentrés dans l'île
Nou, et 2.570 étrangers.

lation causait à ceux d'entre eux que j'ai eu l'occasion
de piloter dans l'Exposition Coloniale de Marseille. Il
faut avouer malheureusement que la population indigène est lamentablement déficitaire (83.000 environ en
tout) ; mais, dans certaines conditions, l'Indochine, et
à son défaut l'Insulinde, pourraient y remédier, en
attendant qu'on se préoccupe plus sérieusement de
l'hygiène et de la santé des Mélanésiens et des Polyné-
siens, si les rares survivants de ces races, vivant dans
un des plus beaux climats du monde, mais minées par
la tuberculose et les maladies vénériennes, peuvent
encore être sauvés.

En Amérique, en laissant de côté la Guyane insalubre,
avec ses 90.000 kilomètres carrés et ses 44.000 habitants (dont 8.000 déportés et 2.300 indigènes seulement) ; il ne nous reste, de notre ancien beau domaine
des Antilles (1), que la charmante Martinique, un des
coins les plus ravissants du monde, paraît-il, où la
densité humaine (248 habitants au kilomètre carré) est
la plus forte de tout l'archipel caraïbe, si l'on en excepte
la seule Barbade (la Jamaïque par exemple n'a que
82 habitants au kilomètre carré ; Porto-Rico, que 120) ;
et la Guadeloupe et ses dépendances (Marie Galante, les
Saintes, la Désirade, la moitié nord de Saint-Martin —
l'autre moitié est hollandaise, — et Saint-Barthélemy).
où la densité atteint encore 119 habitants au kilomètre
carrés. Saint-Pierre et les deux Miquelon, (4.000 habi-

(1) Après le Traité de Bâle (1795) la France posséda un instant
tout Haïti, qui comporte actuellement, avec la République Dominicaine,
3.500.000 habitants, soit, fait trop peu connu, *plus que Cuba*, bien qu'elle
soit plus petite (77.200 kilomètres carrés contre 114.500). L'ancienne
partie française, depuis le xvii° siècle jusqu'à la Révolution, c'est-à-dire
Haïti proprement dite représente 2 millions 1/2 sur ce total bien qu'elle
n'ait que 28.600 kmq. contre 48.500 pour Saint-Domingue.

tants) n'ont d'intérêt que pour la pêche de la morue sur les bancs de Terre-Neuve.

Ce coup d'œil d'ensemble préliminaire était nécessaire pour *situer* nos Colonies dans le monde et dans notre esprit. Voyons maintenant les principales ressources que, ramenées à leurs proportions exactes, — (qui restent impressionnantes), — elles offrent tout de même à l'activité combinée de l'administration et des initiatives privées ; le parti qu'on peut en tirer. Nous nous attacherons surtout aux points essentiels. S'il fallait donner des détails sur les 252 produits qu'on peut relever comme provenant de nos colonies dans les statistiques douanières coloniales (1), nous n'en finirions pas. Beaucoup d'ailleurs ne donnent lieu qu'à un trafic peu important. Nous ne nous attacherons encore une fois qu'aux gros chiffres, ou aux produits susceptibles de devenir intéressants, et nous les classerons par *catégories de matières* et non par origine géographique, ce qui obligerait à des répétitions fastidieuses. Nous examinerons donc successivement :

1° les ressources minières ;

2° les ressources alimentaires ;

3° les ressources en produits animaux ;

4° les ressources en oléagineux ;

5° les ressources en textiles ;

6° les ressources forestières (y compris le caoutchouc et quelques autres produits non classés dans les cinq premières catégories).

Nous terminerons par quelques mots sur la colonisation française proprement dite, et le parti qu'elle a déjà tiré des richesses dont l'énumération va suivre.

(1) 162 d'origine végétale ; 58 d'origine animale ; 32 d'origine minérale.

LES RESSOURCES MINIÈRES

Par ressources minières nous entendons aussi celles des *carrières* ; et nous y joindrons quelques détails sur les *ressources hydrauliques* de nos possessions d'outre-mer, puisqu'elles peuvent, dans une certaine mesure et pour certains objets, suppléer au *charbon*, base fondamentale de tout développement industriel.

Charbon. — Inutile d'insister sur son importance fondamentale. La seule colonie qui puisse montrer pour le moment des résultats intéressants est le Tonkin. Les anthracites (teneur en matières volatiles 5 à 12 0/0) de la région de Hongay et de la chaîne du Dong-Trieu et les autres charbons (beaucoup moins abondants) de cette colonie, ont atteint, en 1922, une production de 1.000.000 tonnes. Dans le Dong-Trieu surtout les gisements paraissent extrêmement importants. A Hongay, dans la baie d'Along, ils offrent le double avantage d'être exploités *en plein air* et d'être situés *sur le bord même de la mer* ce qui rend très facile leur exportation. Hongkong et la Chine méridionale en prennent des quantités considérables (690.000 tonnes en 1923), mais la tendance est à un emploi de plus en plus important *sur place*, pour les chemins de fer et la navigation, et pour l'industrie locale, que la densité extraordinaire de la population dans le Delta ou Fleuve Rouge, (330 habitants *en moyenne* au kilomètre carré, et même davantage sur certains points), favorise en outre. Nous reviendrons d'ailleurs sur ce fait à la fin de cet exposé. L'anthracite des calcaires, d'âge rhétien, tonkinois, peut être employé directement avec des fours de chaudières à tirage spécial ; mais, pour les chemins de fer et la navigation, il est transformé en briquettes par un mélange avec du charbon gras japonais et du brai. Il existe d'ailleurs du charbon gras au Tonkin même, (région de Phan Mé, province de Thai Nguyen et des gisements abondants de houilles mi-grasses (teneur en matières volatiles, environ 20 0/0) malheureusement assez sulfureuses, dans la région de Phu Nho Quan, province de Ninh Binh dans le Sud Ouest du Delta. On rencontre des lignites sur les frontières du Tonkin et de l'Annam (province de Thanh hoa). Des gîtes importants viennent d'être mis en exploitation dans la région de Yen Bay (rive droite du Fleuve Rouge). Il y a des filons de charbon médiocre dans l'arrière pays de Tourane (Nong-Son, Centre Annam). On vient, paraît-il, de découvrir du charbon, d'une qualité encore non précisée, à 78 kilomètres au Nord-Ouest de Vientiane, en plein Laos.

La seule autre de nos colonies qui renferme des gisements de houille paraissant intéressants est la Nouvelle Calédonie. Il ne semble pas en effet que le charbon de Kenadsa près de Colomb-Béchar, dans le sud oranais (environ 6.000 tonnes extraites en 1920) ; ni les lignites de Smendou, ni ceux plus importants de Tunisie (presqu'île du Cap Bon : 23.000 tonnes en 1920), puissent jamais jouer un rôle bien considérable. La houille de la région de Benenitra, dans la vallée de l'Ouilahy, à quelques 150 kilomètres au sud de Tuléar, à Madagascar, paraît dans le même cas. En Nouvelle Calédonie, au contraire, MM. les professeurs Flize et Piroutet, (après d'autres explorateurs illustres comme les Jules Garnier, les Jannetaz, les Heurteau, les Glasser, les Levat, les Pelatan, qui ont tant fait pour la connaissance scientifique de la grande île océanienne), paraissent avoir mis au point récemment (1) la question des charbons calédoniens. Toute une série de couches d'anthracites (carbone, 83 à 87 0/0, matières volatiles, 6 à 8 0/0, cendres, 3 à 6 0/0) existent dans le bassin de la Moindou, vallée de la Foa, où la formation aurait été reconnue sur 500.000 hectares. Mélangés avec des charbons australiens, ils pourraient fournir un combustible excellent. La difficulté gît malheureusement, comme pour tout notre développement polynésien, dans la question, à laquelle nous avons fait déjà allusion, de la main d'œuvre. Si on y remédiait, cela permettrait de solutionner aussi la question de la fabrication sur place d'acier au nickel, dont il sera question tout à l'heure.

Pétrole. — De même que pour le charbon (sauf, encore une fois, au Tonkin et peut-être en Nouvelle Calédonie), on ne peut pas dire que nos colonies apportent à la richesse générale française, un appoint sérieux pour cette catégorie de combustibles, — d'une actualité si brûlante, — si l'on ose s'exprimer ainsi. L'Algérie (région d'Oran et de Rétizane) n'a fourni, en 1920, que 604 tonnes. Les sondages continuent

(1) Ces renseignements sont puisés dans un travail anonyme du service des Mines de la Nouvelle Calédonie (Nouméa 1922) publié à l'occasion de l'Exposition de Marseille, et auquel nous tenons à rendre hommage en passant. Ce sont de ces travaux « administratifs » trop souvent ignorés du grand public (par la faute de l'Administration, d'ailleurs) mais qui font honneur à nos fonctionnaires, lesquels n'en reçoivent trop souvent, ni le moindre remerciement, ni la moindre récompense.

d'ailleurs, On en effectue aussi au Maroc. Le seul point où de véritables espoirs se manifestent jusqu'ici est le Nord Ouest de Madagascar. Encore, si l'on veut être véridique, et éviter tout « bluff », (qui finit toujours par se payer), convient-il de bien faire remarquer qu'il s'agit non pas de gisements de pétrole proprement dit, mais de *bitumes pétrolifères*, enclos dans des grès. Ce qui peut en faire la valeur, c'est l'énorme étendue des imprégnations. D'après les derniers renseignements officiels, la colonie s'est réservée des droits sur 2 millions d'hectares, dans le haut Ranobé et dans la région de Bomolanga, où des sondages pour le pétrole proprement dit ont déjà eu lieu, notamment pour le compte de compagnies sud-africaines, à capitaux anglais, sans succès sérieux semble-t-il. Le cube énorme des grès imprégnés, si la teneur de 100 litres d'huile lourde à la tonne sur une épaisseur de 20 mètres se confirme, représenterait, en comptant à 2 la densité de la roche en place, comme égale à *40.000 tonnes d'huiles lourdes à l'hectare*. Pour les seuls périmètres reconnus de Bemolanga, soit 25.000 hectares, cela représenterait un rendement possible de 1 milliard de tonnes, *si ces données sont exactes*. Il y a lieu, en tous cas, de pousser ces reconnaissances à fond ; et, si elles corroborent ces résultats, de relier au plus tôt cette région à la côte, (port de Tambohorano, au sud du Cap Saint-André), distante d'environ 100 kilomètres à vol d'oiseau.

Ressources hydrauliques. — Si le charbon est loin d'exister dans toutes nos colonies, dans beaucoup d'entre elles, surtout dans nos colonies tropicales, on pourra, à un moment donné, (nous ne disons pas que le moment soit encore venu), tirer un excellent parti des *forces hydrauliques.*

Il est question de les utiliser même au Maroc, grâce à la conquête du « château d'eau » de l'Atlas, aux neiges quasi éternelles (4.000 mètres) à quoi tend, depuis la fin de la guerre, la politique militaire du Maréchal Lyautey. La prospection entreprise a donné des résultats encourageants et intéressants pour une partie des nouvelles lignes de chemins de fer, à voie normale, en construction dans un pays où le charbon doit être importé et coûte très cher. On entrevoit aussi, dans un avenir plus ou moins lointain, (plutôt plus que moins), la possibilité de l'utilisation pour les chemins de fer des chutes du Sénégal (40 « rapides » entre Bafoulabé et Kayes, sur environ 120 kilomètres, dont la chute de Gouina aurait 10 mètres de hauteur) ; du Niger (chute de Sotuba, entre Bammako et Kouli-koro), et celles du massif de Fouta-Djallon, en Guinée (chemin de fer de Konakry au Niger).

Mais c'est surtout au Gabon et au Congo qu'on peut escompter peut-être quelque chose dans ce sens. Ce qui permet de le penser c'est que l'électrification de la ligne, — en reconstruction (1), — de Matadi-Kinchassa (Léopoldville) a été décidée par les Belges au mois de juin 1923. Six chutes, donnant un minimum disponible de 114.000 HP, ont été retenues. La première équipée sera celle de Longo-Matanda, sur l'Inkisy (71.500 HP). Le courant produit servira en outre à l'outillage du port de Matadi, et à l'éclairage de cette ville, de Thys-

____

(1) Sa capacité de transport n'a jamais, en effet, dépassé, jusqu'ici, 140.000 tonnes par an. On espère, en ramenant le maximum des déclivités à 17 millimètres, et en portant le rayon des courbes à 200 mètres, pouvoir faire face à un trafic annuel de 300.000 tonnes.

ville et de Léopoldville-Kinchassa, sans compter des emplois industriels possibles dans ces divers centres. On peut se demander si le Haut Kouilou, le Haut Niari, ou certains de leurs affluents ne pourraient pas nous rendre le même service pour la ligne en construction (560 kilomètres) de Brazzaville à la côte (Pointe-Noire, au sud de Loango). Et que ne pourrait-on faire, au Cameroun, où les précipitations atmosphériques dépassent 4 mètres par an, dans certaines régions ?

On n'a aucune idée, en Europe, de la masse d'eau formidable que roulent certains fleuves tropicaux ou des pays à moussons. D'après les observations de la mission hydrographique de M. Roussilhe, ingénieur hydrographe principal de la Marine, le débit du Congo, en face de Brazzaville est, aux basses eaux, de 27.000 mètres cubes à la seconde et peut atteindre 55.000 mètres cubes, en crue. Comme terme de comparaison, rappelons que le débit moyen de la Seine est de 175 mètres cubes à la seconde, — le débit moyen du Rhône de 2.000 mètres cubes (1), et que ce dernier ne dépasse pas 12 à 15.000 mètres cubes dans les crues les plus fortes observées. Le débit annuel du Congo est d'ailleurs treize fois supérieur à celui du Nil (1.214 millions de mètres cubes contre 94 millions de mètres cubes). Ce qui trompe c'est qu'on n'a aucune idée non plus en Europe de la largeur de ces fleuves. En aval du confluent de l'Oubangui, le Congo, sur une trentaine de kilomètres, a une largeur de 12 à 15 kilomètres (largeur de la Seine à Paris, 100 mètres), Quand

(1) Légèrement supérieur à celui du Rhin : 1.975 mètres cubes à la seconde, à son embouchure ; le Danube : 9.200 mètres cubes ; la Volga, légèrement supérieur à celui du Danube.

en aval de Youmbi (Congo Belge), il entre dans le couloir qu'il suivra pendant 200 kilomètres, et où il se resserre à 1.000 ou, au maximum, 2.500 mètres, on conçoit quelle force gigantesque est incluse dans ses eaux. En Indochine, le Fleuve Rouge débite 32.000 mètres cubes à la seconde en grande crue. Le Mékong, qui compte 4.500 kilomètres de longueur, dont 2.600 en territoire français (la Loire : 980 kilomètres), et dont le Delta s'étend sur 42.000 kilomètres carrés, c'est-à-dire sur une surface égale à celle de la Belgique, plus à peu près la moitié de la Hollande, a des crues de 14 mètres à Kratié, et, plus en amont, aux rapides de Khône, (10 mètres de dénivellation), mesure de 8 à 10 kilomètres de large (en plusieurs bras).

Les rapides de Trian, sur le Dong-Nai, à peu de distance de Saïgon, pourraient fournir de quoi outiller le port, et éclairer la ville et le grand centre commercial et industriel du Cholon (200.000 habitants) qui n'en est qu'un faubourg. Sur des points bien choisis de la chaîne annamite que, grâce à la double mousson soufflant, pendant près de six mois, du Nord-Est sur le versant de la Mer de Chine et du Sud-Ouest pendant six autres mois sur le versant de Laos, avec des précipitations pluviales annuelles qui dépassent souvent 2 mètres 1/2 et quelquefois 3 mètres (maximum annuel en France, Bordeaux. 844 millimètres), il sera possible de construire de puissantes stations hydro-électriques, quand le besoin s'en fera sentir.

Il n'a été question, en tout ceci, que de l'utilisation des fleuves pour la production de la force. Mais, — bien que cela soit un tout autre problème et qui sortirait de l'objet propre de cet exposé, — il est impossible de ne pas rappeler d'un seul mot, en passant, le rôle que de pareilles puissances hydrauliques peuvent jouer au point de vue de l'*irrigation*, avec toutes ses conséquences pour la mise en valeur d'un pays.

Après cette digression, — qui s'imposait néanmoins, — il faut en revenir aux ressources proprement minières de nos colonies.

Fer. — La France est redevenue, avec le retour de la Lorraine, le pays le plus riche en fer de l'Europe. Ses possessions d'outre-mer ajoutent encore à cette richesse.

L'Algérie d'abord qui, avant la guerre, exportait 1.360.000 tonnes de minerai, a de nouveau produit, en 1920, 1.059.000 tonnes. Après une baisse dans l'exportation, celle-ci a de nouveau atteint 1.295.000 tonnes en 1922.

Si les magnifiques gisements de Mokta-el-Hadid sont, à peu près épuisés, il en reste d'autres, et le Massif de l'Ouenza, en revanche, n'est pas encore entamé. Or il représente des millions et des millions de tonnes, d'une teneur en fer égale aux précédents (58 %). Les meilleurs minerais de Bilbao ne dépassent pas 56 %. Seuls certains minerais de Krivoïrog (bassin du Donetz), en Russie, et ceux de Suède ont une teneur supérieure, — mais ces derniers sont souvent très phosphoreux, tandis que les minerais algériens, généralement exempts de toute trace de phosphore, contiennent la plupart du temps au contraire un certain pourcentage, — fort apprécié en métallurgie, — de manganèse. La production tunisienne (Djerissa, Slata, Douarza) est bien moindre, mais atteignait encore, (bien qu'elle fût en baisse par rapport à l'avant-guerre), 273.000 tonnes en 1920. Tout ce minerai nord-africain allait en Angleterre, en Allemagne, même aux Etats-Unis (minerai tunisien), mais pas du tout en France, ou presque, avant la guerre Nous continuons à ne pas en prendre, pour ainsi dire (62.400 tonnes en 1922).

Le fer est très abondant au Tonkin. On ne distingue pas moins de quatre groupes de gisements : 1° ceux du Haut Fleuve Rouge (Baxat, rive droite) ; 2° ceux du bassin du Song Bang Giang (province de Cao Bang, avec Moxat, comme principal centre) ; 3° le groupe le plus riche, (principalement en magnétite, souvent manganésifère, dont les teneurs en fer-métal varient de 66 à 70 %, d'après des analyses officielles), celui du bassin de Song Cau, dans la province de Thai-Nguyen gîtes de Mona-Khon, Mona-Luong, etc... ; 4° un lot de minerais moins riches (42,6 à 57,6 0/0 de fer-métal), mais situés à proximité des gisements de charbon du Dong-Trieu. Ces minerais du Tonkin n'ont pas encore été exploités par les Européens. Un jour viendra pourtant certainement où, grâce à la présence du charbon et à la main d'œuvre nombreuse du Delta, la grande métallurgie moderne sera entreprise. Ce jour-là, la *construction navale* pourra prendre, en Indochine, comme je l'ai signalé depuis longtemps la place importante qui lui est réservée, dans un pays où il y a de bons ports et une population maritime habituée à des mers souvent dures et qui déjà fournit du personnel naviguant à nos vapeurs de commerce, — de même que les locomotives indochinoises sont conduites par des chauffeurs et par des mécaniciens annamites de plus en plus nombreux. Ce jour-là, l'Indochine n'aura plus rien à craindre ni pour ses relations ni pour sa défense extérieures. Des *pyrites de fer* existent dans le Nord Annam. Des gisements de fer, de bonne qualité, sont connus depuis longtemps au Cambodge — (Phnom-Deck); mais la main-d'œuvre fait défaut.

Madagascar contient des gisements abondants et d'assez bonne qualité (50 °/₀ en teneur) de magnétite et d'oligiste, dispersés sur une longueur d'environ 300 kilomètres, depuis le Nord-Ouest du lac Alaotra jusqu'au sud de Fianarantsoa, et de l'ilménite (fer titané et titane), dans le Betsiriry. Enfin la Nouvelle-Calédonie possède d'énormes gisements de *latérites à nickel, cobalt et manganèse,* avec des minerais de faible teneur en chrome, qui permetraient éventuellement, en supposant la question de la main-d'œuvre résolue, et si l'importance des gisements de charbon se confirme ou si des stations hydro-électriques (il en existe déjà une pour la métallurgie du nickel), se développent, — d'entreprendre peut-être sur place la fabrication d'un acier au nickel, — cobalt et chrome, — tel qu'on le produit aux Etats-Unis et au Canada, et dont les qualités très spéciales le font demander par deux industries de plus en plus importantes, celle de l'automobile et celle de l'aéronautique. Nous verrons la question des débouchés à propos du nickel, qui reste malgré tout le grand produit néo-calédonien.

Zinc. — C'est, sous la forme surtout de *calamine*, le minerai le plus abondant dans nos colonies après le fer. Notre production totale a atteint jusqu'à 157.000 tonnes se répartissant comme suit, avant la guerre :

Algérie................................	84.500 tonnes
Tunisie................................	37.400 tonnes
Tonkin................................	35.000 tonnes
Total....................	156.900 tonnes

La consommation de minerai de zinc en France a atteint 130.000 tonnes en 1920. On voit que nos colonies, si elles avaient repris leurs extractions d'avant-guerre, (mais elles en sont encore loin), auraient pu nous fournir et au-delà le nécessaire. Pour éviter le transport d'un poids mort inutile, la métallurgie du zinc va s'installer au Tonkin, où une usine est en construction à Quang-Yen, près de Haïphong.

Nickel, chrome, cobalt et manganèse. — Nous joignons ces quatre minerais parce qu'ils se rencontrent dans la même colonie : la Nouvelle-Calédonie, grâce à laquelle, sans pouvoir rivaliser avec le Canada, la France jouait, autrefois, un rôle important comme productrice de nikel : 7 000 tonnes avant la guerre contre 19.000 tonnes de nikel (*métal*), au Canada. Mais c'était surtout sous forme de minerai qu'il était exporté (1) principalement en Angleterre (2.465.000 tonnes de 1900 à 1920, soit une moyenne annuelle de plus de 100.000 tonnes). Le minerai calédonien est, en général, relativement riche (5,75 $^0/_0$ de métal). Aussi le traite-t-on de plus en plus sur place et l'exporte-t-on sous forme de mattes, soit de première fusion (43 $^0/_0$ de nickel), soit bessemerisées (76 $^0/_0$ de nickel), qui vont surtout aux États-Unis (4 à 6.000 tonnes). Le grand obstacle à l'extension de cette métallurgie est, — ou était (voir ce que nous avons dit ci-dessus), — outre la question de la main-d'œuvre, l'absence de charbon qu'il fallait importer d'Australie. On a cherché à y remédier par des installations de fours hydro-électriques à Yaté.

(1) Il y a quelques gisements de nickel à Madagascar, mais le minerai est pauvre (4 $^0/_0$).

Il y a aussi l'énorme distance, qui pèsera toujours, sur les marchés européens, contre le produit néo-calédonien, même sous forme de mattes bessemerisées à 76 0/0 de nikel. Mais l'Australie, le Japon, l'Inde (la Chine, beaucoup plus tard) peuvent offrir des débouchés. La Nouvelle-Calédonie a exporté exceptionnellement 91.600 tonnes de minerai de chrome en 1920 (variations annuelles de 30 à 70.000 tonnes), un peu de cobalt (130 tonnes en mattes la même année) et 2.200 tonnes de manganèse au maximum (900 tonnes en 1920).

Graphite. — Pendant la guerre, à cause de son emploi pour les cubilots métallurgiques, Madagascar avait pris une place très importante comme exportatrice de graphite et avait même dépassé Ceylan, puisque de 19 tonnes en 1909, ses expéditions (vers la France presque exclusivement) avaient atteint jusqu'à 35.000 tonnes en 1917, réduites à 6.000 tonnes en 1921 La zone graphitifère a été reconnue dans toute la partie orientale de l'île, du Nord au Sud, sur une largeur de plus de 1.400 kilomètres, surtout dans le centre-est des hauts plateaux. Les réserves ne manquent donc pas. On vient de découvrir des graphites dans le haut Fleuve Rouge et une usine est en installation à Haïphong.

Cuivre, étain (et tungstène), antimoine. — Pour aucun de ces métaux nos colonies ne jouent de rôle vraiment important, mais elles nous apportent tout de même un certain appoint. Le *minerai de cuivre* algérien, (province de Constantine) est même en accroissement de production (4.227 tonnes en 1920). Il a été mis en exploitation à Madagascar (région d'Ambatofangehena ; bornages dans la région de Vohémar) et quelques mattes (à 90 % de cuivre) ont été produites pendant la guerre. Il a été reconnu en Indochine (Van Sai, dans la vallée de la rivière Noire ; sulfates de cuivre (teneur : 42 %) entre Thranh-Hoa et Vinh, dans une région contenant aussi du sulfure de barium (barytine), et en Nouvelle Calédonie. Il est en exploitation dans le Moyen Congo (gisements de Mindonli, dans |la vallée de la Loutété et à Djoué (Renéville ; à 67 kilomètres au Nord-Ouest de Brazzaville) ; et signalé dans le Haut Niari. Le minerai titre en moyenne 45 % à Mindouli. La construction du chemin de fer de Brazzaville à la côte (560 kilomètres en tout) qui traverse cette région, permettra sans doute d'augmenter la productiou (exportations maxima, avant la guerre : 1.275 tonnes). On espère pouvoir atteindre 14.000 tonnes. Cela commencerait à être intéressant ; mais on ne saurait tout de même comparer ces gisements à ceux de Katanga (30.000 tonnes de cuivre exporté en 1921) (1). Il est vrai que ceux-ci sont à 2.600 kilomètres de la mer, par les chemins de fer de la Rhodésie (2.608 kilomètres d'Elisabethville à Beira sur l'Océan Indien). Même quand l'Elisabetville-Kinchassa sera construit (et on y travaille), la distance jusqu'à l'Atlantique (en ajoutant le trajet Kinchassa-Matadi) sera encore de 2.200 kilomètres. Mindouli n'est qu'à environ 400 kilomètres de la côte (Pointe-Noire).

Les gisements *d'étain* n'existent, d'une façon inté-

---

(1) Le mineral est traité sur place avec du charbon de la Rhodésie (mines de Wankie), mais des découvertes récentes de charbon ont été faites à Guinerville et à Sankisha, sur la Luena, près de Bukama. On prévoit aussi le traitement par l'énergie hydro-électrique (usine de 25.000 HP sur le Lafua).

ressante, sous forme de cassitérite, qu'en Indochine, et encore ne faut-il pas s'exagérer leur importance (1). Ils sont concentrés dans la région du Pia Ouac (province de Caobang), mais les quantités produites n'ont pas dépassé 654 tonnes, représentant 174 tonnes de métal. 31 concessions existent néanmoins, et trois sociétés, dont le capital total atteint environ 8 millions de francs, sont en marche. Une usine hydraulique de 1.000 HP a été installée à Ta-sa. Les proportions respectives de tungstène (Wolfram) et d'étain dans les minerais sont très variables : certains contiennent jusqu'à 65 $^{o}/_{o}$ d'acide tungstique. On cherche aussi, en ce moment, à exploiter les gisements d'étain du Nam Patène, affluent du Hin-Boun, dans la province de Cammon (Laos Central), que la construction du chemin de fer de Tan Ap (sur la ligne de Vinh à Tourane) à Thak-Ket, sur le Mékong, mettrait à 250 kilomètres environ seulement, du port de Vinh, alors qu'ils sont actuellement à 1.200 kilomètres de Saïgon par le grand fleuve.

L'antimoine est aussi une spécialité du Tonkin (région Moncay). L'exportation avait atteint 1.437 tonnes pendant la guerre (1916), Elle n'a plus été que de 349 tonnes en 1920. Il est signalé en Nouvelle Calédonie.

Or, pierres précieuses, minerais d'urane, zircon, terres rares. — Bien qu'il ait suscité dans l'histoire des mouvements si extraordinaires de population, l'or, alluvionnaire ou filonien, dérive toujours,

(1) Nous pourrions tirer un meilleur parti de l'étain de Ko-Tsiou (YunNan), dont il passe, bon an mal an, de 5 à 8.000 tonnes à Haïphong, où nous pourrions le raffiner.

sauf exception, d'un minerai (si l'on peut dire) fort pauvre. Les colonies françaises ne prennent qu'une part très modeste dans la production mondiale, — se répartissant ainsi en 1920, pour l'exportation.

Guyane	1.751 kilogrammes
Madagascar ,.............	327　»
Haut Sénégal-Niger	70　»
Total.............	2.148 kilogrammes (1)

Il faudrait ajouter l'or exporté de la Guinée (maximum avant la guerre : 73 kg. 600) et de la Côte d'Ivoire (27 kilogrammes en 1916) ; et l'or extrait du minerai complexe de Bong Mieu (Centre Annam). On sait qu'il existe de l'or alluvionnaire au Laos, dans le Nam beng, affluent du Mékhong, en amont de Luang Prabang, et des quartz aurifères dans la région d'Attopen ; mais ni les uns ni les sutres n'ont donné lieu à des prospections sérieuses, et il serait très imprudent de se prononcer sur leur intérêt. On voit d'ailleurs ce qu'est devenue l'industrie aurifère à Madagascar, qui avait exporté jusqu'à 3.645 kilogrammes d'or en 1909 ; la Guyane : 4.470 kilogrammes l'année précédente. La production est partout en baisse dans nos colonies depuis la guerre.

C'est à Madagascar aussi que l'on trouve des *pierres précieuses*, sur plusieurs points dans les filons de pegmatites du plateau central : topazes, grenats, tourmalines, béryls ; quelques-unes sont vraiment remar-

---

(1) Avant la guerre : 6.480 kilogrammes en moyenne, représentant une valeur de 18 millions de francs sur une valeur [globale mondiale de 2.335 millions, soit 1/130me de la production.

quables, surtout parmi les béryls (1). On sait que la majeure partie de cette production allait en Allemagne avant la guerre et revenait à Paris comme provenant du Brésil. Il y a même quelques corindons, à l'état de rubis (type Siam) et saphirs. Le tout a représenté 548 kilogrammes en 1920.

Mais, outre des gemmes proprement dites, Madagascar possède des pierres d'ornementation et d'industrie. Au premier rang viennent les quartz, notamment le quartz hyalin ou cristal de roche (pour la lunetterie et l'optique de précision), dont les exportations ont varié de 2.000 à 6.900 kilogrammes (5.596 kilogrammes en 1920); les quartz givreux ou opaques (pour l'industrie du quartz fondu ; l'exportation est d'ailleurs en baisse : 14.860 kilogrammes en 1920) et les quartz roses (18.200 kilogrammes) ; les calcédoines et les agates (30.000 kilogrammes) (2) ; les amazonites ; etc...

Enfin c'est également sur le haut plateau malgache (régions d'Antsirabé, Miandravivo, etc...) que l'on a découvert des *minerais uranifères radioactifs* (bétafite, etc...) dont l'exportation a atteint 5.149 kilogrammes en 1920 ; et du *zircon industriel* (3.800 kilogrammes). On a signalé (toujours en 1920) une exportation de 2.500 kilogrammes de *terres rares*, sans autre spécification.

(1) La magnifique collection constituée pour l'Exposition Coloniale de Marseille est maintenant, grâce à la générosité d'un riche amérirircain, ami de la France, Monsieur E Tuck, à l'abri au Museum d'Histoire Naturelle, sous l'œil vigilant et, nous pouvons le dire, paternel de M. A. Lacroix, Secrétaire perpétuel de l'Académie des Sciences, qui a tant fait pour la connaissance géologique de Madagascar. Voir la *Minéralogie de Madagascar*, 2 vol. Paris, Challamel, 1921.

(2) D'après les statistiques douanières; mais nous nous demandons si ce n'est pas une erreur d'impression.

Plomb argentifère-mercure. — Nous ne connaissons pas de colonies produisant de l'argent natif ; mais l'Algérie fournit un peu de plomb (11.700 tonnes en 1920 contre 21.500 en 1913) ; la Tunisie à peu près autant (19.400 tonnes en 1921), plus ou moins argentifère. On avait fondé de grands espoirs, vers 1884, sur des affleurements néo-calédoniens. Ils ont été bien déçus. Des minerais complexes sont signalés à Madagascar et ils donnent lieu aussi à une faible exploitation en Indochine (Bong Mieu).

Du *mercure* a été signalé dans le Haut Tonkin et en Nouvelle Calédonie ; mais on ignore la valeur réelle de ces gisements.

Pierres à chaux et à bâtir, Calcaires à ciments, Gypses, Pierres à plâtre, Kieselguhr, Magnésie, Argiles, Kaolin, Ocres, Terres de Sienne, Bauxites. — Nous groupons ces produits « telluriques », si différents soient-ils, pour ne pas multiplier indéfiniment les catégories et nous n'en disons un mot que pour être complets, — car aucun n'intéresse en réalité la Métropole, sinon indirectement, en ce sens que, par exemple, la présence de calcaires à ciments dans nos colonies rend l'exportation de nos ciments français de moins en moins nécessaire. D'autre part, la possibilité de fabriquer sur place des ciments est un appoint précieux pour les grands travaux publics.

L'Algérie a produit 45.000 tonnes de chaux hydrauliques en 1920. On en fabrique aussi au Maroc ; et on projette d'en fabriquer en Afrique Occidentale (Rufisque). Mais c'est le Tonkin qui, grâce à son charbon, tient de beaucoup la tête jusqu'ici. La cimenterie d'Haïphong a produit 116.000 tonnes en 1920, dont 72.600 ont été exportées. On exporte même des calcaires à ciments à Hongkong. La pierre à plâtre se rencontre en Algérie (province d'Oran, 14.000 tonnes) ; la pierre à chaux un peu partout (notamment au Tonkin, dans le centre Annam, au Cambodge, en Nouvelle-Calédonie, etc...) ; le gypse en Nouvelle-Calédonie aussi, etc... Le *kieselguhr* de l'Oranais, cette sorte de *tripoli siliceux* a fourni 15.000 tonnes à l'exportation en 1920. On sait son importance pour la fabrication de la dynamite. On connaît le rôle de la *magnésie* dans la métallurgie. Des périmètres ont été reconnus mais ne sont pas encore mis en valeur en Nouvelle-Calédonie (giobertites, contenant 40 à 45 °/₀ de magnésie). Ils pourront jouer, de même que les calcaires locaux abondants, leur rôle dans l'éventuelle métallurgie calédonienne.

Toutes nos colonies possèdent des gisements de pierres à bâtir et d'*argile* rendant possible l'industrie céramique, qui a pris une importance sérieuse au Tonkin (briqueteries, tuileries, poteries, etc...) où l'on rencontre même, de même que dans le Nord-Annam, quelques gisements, malheureusement pas très abondants, de *kaolin*. L'*ocre* est signalée en Nouvelle-Calédonie et exploitée depuis peu au Than Hoa (Nord Annam), de même que la *terre d'ombre* ou terre de Sienne. On n'a pas encore constaté l'existence de la *bauxite* ; mais quand on sait quels gisements immenses (et encore inexploités) existent dans l'Inde, on peut se demander si on n'en découvrira pas en Indochine, où, grâce aux chutes d'eau de la chaîne annamitique, l'industrie hydro-électrique de l'aluminium pourrait alors se développer un jour pour fournir, *le moment venu*, l'immense marché chinois.

Phosphates. — Mais, avant même le fer, — dont nous avons pourtant souligné l'importance, — et bien avant le zinc, ce sont les *phosphates* qui constituent la grande richesse de nos colonies et donnent actuellement à la France *le premier rang* parmi les producteurs mondiaux du précieux engrais.

Ils existent, en nodules, au Tonkin et au Cambodge, mais ne paraissent pas appelés à y jouer un rôle vraiment sérieux (une dizaine de mille tonnes en 1921). C'est à peu près ce que rend aussi la Nouvelle-Calédonie. Makatea, une des Tuamotou, est déjà plus intéressante. Elle exporte de 80 à 100.000 tonnes en Nouvelle-Zélande et en Australie (1).

Mais c'est, — le fait est bien connu, — *l'Afrique du Nord* qui rend à la France l'immense service de faire d'elle la grande dispensatrice, à l'extérieur, des phosphates. Avant la guerre, sur une production mondiale de 6.780.000 tonnes, l'ordre de la *production* s'établissait ainsi :

Etats-Unis	48 %
Colonies françaises	46 %
Autres pays	6 %

Avec la découverte des magnifiques gisements du Maroc, dans la région d'El-Boroudj — Oued-Zem, à

(1) Mais il ne faut pas se dissimuler que l'Australie a eu la chance de se voir attribuer, après la guerre, l'île de Nauru dans l'archipel des Gilbert, près des Fidji, dont la production annuelle est, pour le moment, de 350 000 tonnes. Cela constitue un précieux appoint pour l'agriculture australienne.

180 kilomètres seulement du port, maintenant outillé, de Casablanca auquel on le relie d'ailleurs par un chemin de fer à voie normale — nous passons au premier rang ; d'autant plus que les phosphates marocains sont encore plus riches que les phosphates tunisiens (72 à 78 0/0). Ceux-ci continuent à fournir pour le moment le gros de l'exportation (1.822.000 tonnes en 1921, contre 2.300.000 tonnes en 1913). Mais l'Algérie (province de Constantine), est en progrès (456.000 tonnes en 1920 contre 370.000 tonnes en 1913) ; et le Maroc, qui n'en est encore qu'à 190.000 tonnes (1923), est destiné, encore une fois, à prendre une place progressivement de plus en plus importante sur les marchés extérieurs. Le tonnage, actuellement *reconnu* est d'au moins 1 milliard de tonnes. Pour éviter leur accaparement, qu'on pouvait craindre, par des groupes étrangers (surtout avec la baisse du franc), la propriété des gisements a été réservée au Maghzen. Encore une fois on ne saurait surestimer l' « actif » magnifique que représentent, dans le bilan de nos richesses coloniales, les phosphates de l'Afrique du Nord.

Nous nous sommes étendus, — plus que de raison peut-être, — sur les ressources *minières* de nos colonies, parce qu'elles sont moins connues, et que d'ailleurs une *mise au point* nous a semblé s'imposer pour quelques-unes d'entre elles. Il nous sera impossible d'entrer dans autant de détails pour les autres catégories de produits, mais ils ont déjà fait l'objet de tant d'études, de rapports et de conférences que des précisions aussi minutieuses paraissent moins utiles. D'ailleurs, les nécessités du cadre général nous restreignent forcément et très légitimement. Nous craignons, malgré tout, d'être encore trop long. Et pourtant, comment raccourcir davantage un inventaire portant sur un immense domaine, dispersé dans le monde entier ?

LES RESSOURCES ALIMENTAIRES

L'Afrique du Nord nous fournit déjà du *blé* (blés durs surtout, particulièrement appréciés pour la semoulerie), de *l'orge*, et du *vin*, pour ne parler que des grosses productions. Le climat malheureusement, — avec ses sécheresses souvent anormales, — ne permet pas d'escompter des rendements réguliers, surtout en Algérie et en Tunisie (production de blé en Algérie en 1917, par exemple : 3.867.000 quintaux; l'année suivante : 10.162.000 quintaux). Le Maroc, sous ce rapport, sur le versant Atlantique, offre plus de sécurité, bien que les statistiques des exportations marquent, là aussi, des fluctuations très considérables d'une année à l'autre. Cependant, outre des précipitations atmosphériques plus abondantes, l'irrigation (possible au surplus aussi, sur certains points de l'Algérie et de la Tunisie), peut y profiter, dans des régions plus privilégiées, des eaux de l'Atlas aux neiges hivernales. Les disponibilités en terres cultivables y sont aussi beaucoup plus grandes (environ 2 millions d'hectares, d'après les services techniques du Protectorat). Il faut escompter enfin l'intervention grandissante de la colonisation agricole française. On sait qu'en Tunisie, par exemple, les 76.000 hectares cultivés en blé par les Européens produisaient, en 1921, 682.000 quintaux, contre 1.200.000 quintaux pour les 500.000 hectares cultivés par les indigènes. A ce contraste peut se mesurer, — (la part faite des terrains meilleurs), — l'avantage qu'on peut attendre de la diffusion progressive de meilleurs procédés de culture et de l'intervention des engrais chimiques, quand les indigènes pourront les acheter et sauront s'en servir.

La *viticulture* algérienne nous offre de 6 à 7 millions d'hectolitres, en année moyenne (exceptionnellement, en 1914, 9.310.000 hectolitres), dont quelques *crûs* véritablement intéressants. D'une façon générale d'ailleurs, on sait que ces vins sont *complémentaires* de nos vins du Midi par leur force alcoolique supérieure. Ils permettent des coupages dont les viticulteurs métropolitains pourraient utilement profiter pour exporter leurs vins dans de meilleures conditions. La vinification est d'ailleurs très perfectionnée, notamment chez bien des colons algériens. La production tunisienne est encore loin d'atteindre le chiffre de l'Algérie : maximum, 608.000 hectolitres en 1918 ; moyenne 1917-21 : 448.000 hectolitres. La culture des *raisins de table* précoces donne de très intéressants résultats, en Algérie spécialement (100.000 quintaux produits, en « chasselas » surtout, dont plus du tiers sont exportés ; environ 50.000 quintaux de raisins en Tunisie). La viticulture débute à peine au Maroc (1.213 hectares, en 1921).

Les *primeurs* au contraire (pomme de terre, artichauts, tomates, haricots, etc...) prennent en Algérie (banlieue d'Alger et d'Oran) une place de plus en plus importante (exportation de 1920 : 200.000 quintaux environ, en tout).

On peut espérer que la culture des *agrumes* (oranges, mandarines, citrons), déjà importante en Algérie [environs d'Alger, Bouffarik, Blidah, etc. ; exportation :

36.000 quintaux d'oranges et de citrons, en 1920 ; 67.000 quintaux de mandarines (maximum 92.000 quintaux, en 1918)], — naissante en Tunisie, — prendra un développement de plus en plus grand au Maroc (« jardins » irrigués, de Fez et de Marrakech, notamment). Les débouchés ne manquent pas en Europe, en dehors de la France, malgré la concurrence de la Sicile, de l'Espagne et du Portugal, de la Palestine, etc. C'est une question d'organisation commerciale. Tant de pays connaissent encore à peine, comme consommation régulière, les excellents fruits des diverses Aurantiacées. La confiserie, notamment pour la variété spéciale dite : « chinois », et la fabrication des « amers », y trouvent aussi une matière première de plus en plus appréciée. Mentionnons simplement, sans y insister, la *figue*, l'*amande* et la *datte*, les fameuses *Deglet Nour* (« dattes-lumière ») — dont les consommateurs pourraient être bien plus nombreux.

Dans nos autres colonies (Guinée et Indochine, pour ne parler que de celles-là ; et il faudrait ajouter les Antilles et la Réunion), la *banane* et le savoureux *ananas* réussissent fort bien et pourraient être multipliés. La *mangue*, — cette merveille, au goût un peu étrange de prime abord, — et bien d'autres fruits de l'Indochine, comme le *mangoustan*, aussi plaisant à l'œil quand il est ouvert, que frais à la bouche, le *letchi*, l'*avocatier*, le *kaki*, etc... etc., profiteront, le moment venu, des transports par frigorifiques, ou grâce à d'autres procédés de conservation (1), vers les

(1) L'éminent botaniste-voyageur, M. Auguste CHEVALIER, signalait l'autre jour, dans sa précieuse *Revue de Botanique appliquée* (décembre 1923) une expédition de mangoustans, à lui adressés par son collègue, bien connu lui aussi, de Buitenzorg, M. le Dr CRAMER, en-

pays européens, qui apprendront peu à peu à les apprécier comme ils le méritent.

Pour en revenir aux *céréales*, ou aux *féculents* et *légumes divers*, il est à peine besoin de rappeler le rôle de premier ordre ǃque joue, dans l'économie du Sud de l'Asie, le *riz* de l'Indochine. Celle-ci en a exporté, en 1921, 1.700.000 tonnes (1) — presque exclusivement de la Cochinchine ; et près de la moitié du delta du Mékong reste encore à mettre en valeur, de quoi faire face aux besoins de la Chine méridionale quand la population y aura encore augmenté. Et ǀla région des Grands Lacs (pour ne parler que de celle-là), au Cambodge, — où le peuplement était si dense au temps d'Angkor, —; et l'immense Laos, où tant de vallées restent à cultiver (densité actuelle de la population : 3 au kilomètre carré), offrent encore des réserves énormes de terres à rizières. La culture du riz se développe aussi beaucoup, et peut encore s'étendre, à Madagascar (30.000 tonnes expédiées en 1921). L'Indochine (Tonkin surtout) a envoyé en France jusqu'à 132.000 tonnes de *maïs* avant la guerre (moyenne : 75.000 tonnes ; Importation de la France : 600.000 tonnes). Le *manioc*, sous forme de cossettes, surtout, pourrait prendre encore plus de développement à Madagascar, qui en fait sortir, bon an mal an, de 14 à 18.000 tonnes, plus environ 7.000 tonnes de *fécule de manioc*, et un peu de *tapioca* (moins cependant que la Réunion). Il faut y joindre des fécules d'*arrowroot*, de *sagou*, de *banane*, de *tavolo* (maximum : 804 tonnes) ; et surtout ces *pois* ǀ*du Cap*, qui ont pris tant d'impor-

duits d'une mince couche de caoutchouc et enveloppés de papier huilé, 6o o/o des fruits étaient en parfait état.

(1) 1.521.000 tonnes en 1923, dont 234.000 tonnes vers la France.

tance dans la province de Tuléar (exportation en 1921 : 20.000 tonnes). D'une façon générale les *haricots* et les *pois* (en y comprenant les *pois chiches*, les « haricots germés », au goût de noisette, d'Indochine par exemple, les *doliques* divers, dont certains sont exquis, et les *sojas*), pourraient être fournis à la Métropole, et à l'Europe, en quantités beaucoup plus importantes par nos colonies, surtout par l'Indochine.

La culture de la betterave en France excluait, avant la guerre, le *sucre de canne colonial*, sauf comme appoint pour la raffinerie. Les 100.000 tonnes environ de sucre que fournissaient la Guadeloupe, la Martinique et la Réunion, (cette dernière venant en tête) ne pouvaient lutter que faiblement contre les 7 à 800.000 tonnes de sucre de betterave. La dévastation des départements français producteurs aurait donné à nos colonies un avantage temporaire, — et évité des achats très importants à Cuba et à Java, à des changes désastreux, — si la production de nos colonies était restée plus forte, et si les rendements à l'hectare avaient atteint ceux des pays sus-mentionnés. Mais, réduits au seul débouché métropolitain, — et dans les proportions que nous venons de dire, — nous avons négligé les améliorations culturales et les sélections qui ont permis aux Antilles anglaises et à Maurice, à Cuba et surtout à Java et aux Hawaï d'obtenir des résultats infiniment supérieurs, (3 tonnes de sucre à l'hectare à la Guadeloupe ; 10 à 11 tonnes à Java ; 12, exceptionnellement 14, tonnes au Hawaï). La culture de la Canne existe en Indochine, en Annam surtout et pourrait s'y développer au Cambodge et en Cochinchine. C'est, si on y applique les procédés de la science moderne, — et si la population augmentait en

Cochinchine et au Cambodge, — une réserve pour le marché chinois futur, où 400 millions de consommateurs sont encore loin, — malgré la culture déjà existante de la canne, dans le Centre et le Sud, (et les possibilités pour la betterave en Mandchourie) — d'une absorption de sucre par tête équivalente à celle de l'Europe ou des Etats-Unis. Cette proximité d'un énorme marché *aux virtualités à peine naissantes* ne doit d'ailleurs jamais être perdue de vue, nous l'avons déjà fait remarquer, quand on parle des productions actuelles, — ou possibles, — de l'Indochine. Pour en revenir à la production actuelle de sucre de nos deux Antilles et de la Réunion, il faut noter le développement très considérable d'un sous-produit, le *rhum*, — depuis la fin de la guerre, (149.000 hectolitres de la Martinique ; 91.000, de la Guadeloupe ; 57.000, de la Réunion) ; ce qui a d'ailleurs soulevé les protestations du cognac « national ».

Le *café*, le *cacao* et le *thé* sont très loin de jouer dans notre économie coloniale le rôle qu'on pourrait être tenté d'attribuer à ces « denrées coloniales » par excellence. Sur une importation de 150.000 à 200.000 tonnes de café en France et une consommation moyenne de 110.000, nos Colonies ne nous fournissent qu'environ *3.500 tonnes*, — chiffre dérisoire. On sera peut-être étonné d'apprendre que c'est Madagascar qui vient en tête, avec 1.192 tonnes, puis l'Indochine, avec 957 tonnes, et la Guadeloupe avec 798 tonnes (1920). La Nouvelle-Calédonie, qui vient après, n'envoyait à cette date que 387 tonnes. Et cela malgré la protection d'une réduction de 50 °/₀ sur le droit d'entrée, *depuis plus de trente ans !* C'est la question de la cherté de la main-d'œuvre qui explique surtout ce phénomène, au premier abord surprenant. On a calculé d'ailleurs que, pour récolter les 100 à 120.000 tonnes de café consommées par la France, il faudrait planter au moins 3 millions d'arbres et consacrer à la récolte environ 200 à 250.000 travailleurs.

Pour le *cacao* c'était, jusqu'à ces tout derniers temps, le Cameroun qui, avec ses 2.600 tonnes fournissait, et depuis la fin de la guerre seulement, plus de la moitié des provenances coloniales, sur une consommation variant de 30 à 50.000 tonnes. La Côte d'Ivoire l'a maintenant dépassé (3.600 tonnes en 1923), mais elle est encore bien loin des 100.000 tonnes et plus de sa voisine, la Gold Coast, qui avait même exporté 170.000 tonnes de cacao en 1920, — et forcé d'ailleurs la note, avec une crise de surproduction comme résultat.

Le *thé* ne nous était fourni, — et en fort petite quantité, et de qualité médiocre, faute surtout d'une culture suffisamment — soignée par l'Indochine, que pour environ un quart ou un cinquième de la consommation française (357 tonnes, sur environ 1.200 à 1.500 tonnes ; grand progrès, un peu inattendu, en 1923 : 878 tonnes). Le commerce général est plus important : 5.400 tonnes en 1920 ; 3.371 tonnes en 1921. Le Maroc notamment absorbe des quantités considérables de thé vert ; avec consommation correspondante de sucre. Mais la France ne sera jamais elle-même un marché important pour le thé, et trop de pays s'occupent de cette culture, d'ailleurs assez peu rémunératrice.

C'est l'Indochine aussi qui nous assure, et au delà, tout le *poivre* dont nous avons l'usage (3.103 tonnes en 1923). C'est une consommation qui ne peut croître indéfiniment (3.000 tonnes en moyenne par an).

L'observation vaut d'ailleurs pour toutes les « épices » : *vanille*, *muscade*, *clous de girofle*, *cannelle*, *gingembre*, etc, dont Madacascar, (qui vient en tête pour la vanille avec 507 tonnes), la Réunion, l'Indochine, les îles océaniennes pourront nous envoyer toujours bien au delà de nos besoins.

PRODUITS ANIMAUX

Il s'agit surtout des ressources de l'élevage. Nous parlerons de la *laine*, à propos des textiles. Mais il est impossible d'ignorer les ressources en *viande de mouton* que nous fournit l'Algérie. Marseille importe environ 1 million de moutons algériens sur pied, par an. Le Maroc pourait apporter sa contribution car les terres de parcours encore disponibles y représentent environ 4.700.000 hectares, et les pluies sont, répétons-le, plus régulières qu'en Algérie. L'Afrique du Nord française (Tunisie comprise) compterait environ 16 millions de moutons, c'est-à-dire, autant que la France avant la guerre. Et c'est un appoint non négligeable quand on se souvient que la guerre, précisément, a réduit notre cheptel ovin à environ 9 millions de têtes.

Madagascar est le pays des *bœufs* (zébu : bœufs à bosse). On estime son cheptel à environ 8 millions de têtes (France, en 1913 : 14 millions), chiffre énorme si l'on considère que sa population n'atteint pas 3.500.000 habitants, contre 40 millions pour la France On sait que cela a permis de créer d'importants établissements de viande frigorifiée et de conserves de bœuf, et un gros commerce de peaux (10.000 tonnes environ). L'élevage du *porc*, — avec exportation concomitante de *saindoux* — a pris aussi une certaine extension dans l'île, où la culture du manioc pour la nourriture des porcheries permettrait de l'y développer encore. L'Indochine, — surtout au Laos et au Cambodge, — offre aussi des possibilités notables pour l'élevage, déjà important, des *bœufs* et des *buffles*. Les *cornes* de ces derniers sont particulièrement intéressantes, et il s'est créé, dans la colonie même, une petite industrie embryonnaire de fabrication de manches à couteaux. L'industrie de la viande frigorifiée, en vue du débouché qu'offre la population européenne de Hongkong, a été installée dans le port de Vinh (Nord Annam). A la question de l'élevage, plus spécialement des bovidés, se rattache celle des *plantes fourragères*, que nous ne pouvons que signaler en passant, de même que celle des *épizooties*, souvent graves malheureusement.

Les *volailles* (chair [conserves], plumes et *œufs*, qu'il s'agisse de ceux de cane, [albumine et jaunes], pour la ganterie, ou de poules), donnent lieu déjà à un certain trafic au Maroc, en Indochine et à Madagascar (conserves de volailles), qui pourrait s'étendre. S'agissant de *plumes*, signalons que l'élevage de l'*autruche*, — qui existe à peine dans quelques fermes officielles, — trouve un milieu proprice au Maroc, en Afrique occidentale (Niger) et Equatoriale (Tchad), et aussi dans le Sud de Madagascar. On sait le succès des fermes à autruches dans l'Afrique du Sud (valeur des plumes : 39 millions de francs en 1919). L'élevage des *aigrettes* pourrait donner de bons résultats en Afrique équatoriale et en Indochine. On trouve aussi les *marabouts* au Cambodge (plumes pour éventails). Le goût parisien fait, avec les plumes, de tels chefs-d'œuvre !

C'est ce qui devrait pousser aussi davantage à l'« élevage », — (pour le moment on n'en fait que la pêche), — des *huitres à perles et à nacre*, dans les îles polynésiennes et en Indochine, où l'on trouve une petite industrie du bouton de nacre à Hanoï, insignifiante à côté de celle du Japon. Mais ce sont les ressources en *poissons* de nos colonies qui sont encore à peine développées. Il ne faut pas s'exagérer, peut-être, la richesse du fameux banc d'Arguin sur la côte occidentale d'Afrique, malgré notre gros effort à Port-Etienne, en Mauritanie. Mais la pêche au chalut nous réserve des surprises ; et les débouchés en Afrique Occidentale même peuvent être beaucoup plus importants. De même, en ce qui concerne la Chine aux centaines de millions de bouches, — pour la pêche au chalut sur notre longue côte annamite (environ 2.500 kilomètres), si poissonneuse (golfe du Tonkin et Sud Annam surtout). Il ne faut pas perdre de vue non plus les possibilités de la *pêche fluviale* dans des fleuves comme l'énorme Congo et ses affluents, ou l'interminable Mékong (1) et les grands lacs, qui servent de réservoir aux crues de ce dernier, (au Cambodge), dès à présent, et surtout quand on introduira dans nos colonies la *pisciculture scientifique.*

LES RESSOURCES EN OLÉAGINEUX

Il faut dire un mot des oliviers nord africains : 7 millions environ d'oliviers greffés en Algérie, *plus de 5 à*

---

(1) Voir ce qui a été dit ci-dessus, des *ressources hydrauliques de nos colonies*, à leur propos.

6.000.000 d'oliviers sauvages ou oléastres ; 8.000.000 en rapport en Tunisie, représentant une production en huile variant de 168.000 à 450.000 quintaux, suivant les années, car, comme pour toutes les cultures arbustives, les rendements sont très irréguliers, la sécheresse aidant ; 2.000.000 de pieds (dans la mesure où le recensement a été vraiment fait), au Maroc. La plus grande partie de la production en huile est consommée sur place ; le reste envoyé à Marseille (maximum : 134.000 quintaux avant la guerre). L'Algérie seule en a expédié 142.000 quintaux en 1920. Tout cela vient compléter la production provençale, et, certaines années évidemment, contribue à faire baisser les prix. Nos oléiculteurs provençaux, qui s'en plaignent parfois, paraissent oublier que l'Espagne et l'Italie (qui nous fournissent aussi d'ailleurs de l'huile d'olive) auraient vite fait de s'assurer la production algérienne et tunisienne pour augmenter les débouchés de leurs huiles et nous remplaceraient ainsi sur les marchés libres.

Mais ce sont les graines oléagineuses (*arachides*, *sésames*, *ricin*, etc.), et les fruits oléagineux (*coprah*, *palmistes*, etc.) qui nous intéressent le plus, bien que la France en général, et Marseille en particulier, concurrencées avant la guerre par l'huilerie allemande, — et maintenant par l'huilerie anglaise, — n'occupent plus leur place absolument prédominante d'autrefois. Notre industrie des corps gras (huileries, savonnerie, stéarinerie etc.) continue cependant à jouir d'une situation des plus honorables et des plus avantageuses dans l'économie mondiale ; et la question des *matières premières* la préoccupe à juste titre.

Les *arachides* viennent en tête. L'Afrique occidentale (Sénégal surtout) en exporte actuellement plus de 300.000 tonnes par an (1), 335.000 tonnes, années moyenne 1919-22, dont 71 % vers la France. L'achèvement du chemin de fer de Thès à Kayes (sur le Niger) ouvre à l'extension de la culture le long d'une bonne partie de la voie (674 kilomètres) d'immenses perspectives. C'est une question de main-d'œuvre, et aussi d'amélioration des procédés de culture, de sélection scientifique des graines, de lutte scientifique contre les maladies de la plante, d'autant plus intéressante dans les assolements qu'outre sa valeur commerciale, c'est une légumineuse améliorante. Les *palmistes*, c'est-à-dire les fruits de l'*Elœis guienensis*, — et l'*huile de palme* sont aussi jusqu'ici surtout des produits de nos colonies africaines : Dahomey (29.000 tonnes), Cameroun, Côte d'Ivoire, Guinée, Afrique équatoriale, Togo ; dans cet ordre pour les palmistes, avec une exportation, les bonnes années, de plus de 80.000 tonnes (61.000 tonnes en 1923). L'*huile de palme* représentait environ 27.000 tonnes en 1920, — avec le Dahomey aussi en tête (11.000 tonnes), suivi par la Côte d'Ivoire. Mais l'Indochine en fournira bientôt ; et d'une façon générale d'ailleurs, si l'Afrique n'améliore pas ses procédés, elle se verra (comme pour le caoutchouc) et malgré ses grandes richesses naturelles, damer le pion par l'Asie. On cultive, en plantation, à Sumatra, des *Eloeis* sélectionnés dont la proportion en pulpe du fruit atteint 60 %, alors qu'en Afrique la moyenne n'est que 35 % de pulpe, au surplus mal pressée et mal fermentée (excès d'acidité). C'est, en outre, une question de terrains et de main-d'œuvre. Cependant on estime que, dès à présent, mieux aménagées et mieux exploitées, les palmeraies existantes de nos colonies d'Afrique occidentale et équatoriale pourraient peu à peu nous fournir plus de 400.000 tonnes d'amandes de palme (au lieu de 80.000 maximum ;) et de 164.000 tonnes d'huile de palme (au lieu de 27.000).

Pour le moment, en fait d'oléagineux, l'Indochine ne nous envoie guère que du *coprah*, ou amande desséchée de la noix de coco (en accroissement : 5.000 tonnes avant la guerre ; 13.438 tonnes en 1923). Les provenances de nos colonies ont atteint plus de 20.000 tonnes cette même année. Nos Etablissements de l'Océanie, Nouvelle-Calédonie comprise, nous fournissent de 10 à 12.000 tonnes. La culture du cocotier offre des possibilités de développement très considérables le long des arroyos de l'ouest de la Cochinchine, à proximité de la mer, et à l'abri des typhons qui ravagent parfois les cocoteraies, cependant importantes, du Centre Annam.

Le *ricin*, dont le Tonkin fournit déjà quelques milliers de tonnes, pourrait, ainsi que le *sésame* et le *soja*, prendre beaucoup plus de développement en Indochine. La première plante, ainsi que le lin, parait pouvoir réussir au Maroc. Il faut dire un mot aussi de l'*arganier* du Sous marocain et du *Karité*, de l'Afrique occidentale. Mais, comme d'autres *arbres* à fruits oléagineux, les *Garcinia*, les *Irvingia*, les *Illipées* de l'Indochine, même à qualités spéciales comme fournissant, tel que l'*abrasin* du Tonkin, de l'huile plus siccative que celle du lin, — le fait que ce sont des arbres à croissance forcément lente, et à fructification irrégulière, les rend, au fond, beaucoup moins intéressants que les plantes annuelles. Il faut en dire autant des *arbres à suif* indochinois : le *stillingia sebifera*, qui se rencontre aussi en Chine et fournit un suif végétal *blanc*, alors que la *Rhus succe-*

danea, cultivé au Tonkin, comme au Japon, fournit le *suif végétal vert*. Ce même arbre donne aussi, par excision de l'écorce, la *laque*, si intéressante non seulement au point de vue artistique, mais aussi pour le vernissage des ailes d'aéroplanes, bien que moins belle que celle de son congénère le *Rhus vernicifera* (*Urushi*, des Japonais).

Pour en revenir aux oléagineux proprement dits, nos colonies d'Afrique et d'Asie peuvent nous fournir, et au delà, dans toute leur variété, toutes les matières premières nécessaires à une industrie qui utilisait, avant la guerre, 1.219.000 tonnes de graines et fruits divers. On a beaucoup parlé aussi de l'emploi de l'huile végétale pour des *moteurs Diesel*, dans les colonies manquant de charbon, comme l'Afrique tropicale et semi-tropicale. Les Belges ont fait des essais intéressants dans ce sens ; et des maisons françaises, notamment à l'occasion de l'Exposition Coloniale nationale de Marseille. Le problème parait techniquement résolu (consommation : 242 grammes d'huile par HP heure). Mais c'est tout de même une question de *prix*, tant que les emplois des huiles végétales pour l'alimentation joueront un rôle si important.

LES RESSOURCES EN TEXTILES ET PLANTES A PAPIER

Ici encore nous sommes très loin de tirer de notre domaine d'outre-mer tout le parti qui s'offre à nous, mais les possibilités sont là.

Il importe cependant de ne pas s'en exagérer la portée immédiate. Prenons par exemple, tout d'abord, la *laine*, Nous avons déjà signalé l'importance du cheptel ovin dans l'Afrique du Nord (voir ci-dessus, p. 4). Mais, si l'on note que la France consommait avant la guerre (1913), y compris sa propre production de laine (35.000 tonnes), et en déduisant des 289.000 tonnes qu'elle importait les 60.000 tonnes réexportées, environ 250.000 tonnes, par conséquent, de laine ; que, d'autre part. le poids moyen d'une toison au Maroc est de 1 kg, 800, avec des rendements très variables en laine lavée, — on voit que, pour que le Maroc fournisse à lui seul la consommation française, (en supposant des toisons de 2 kilogrammes, il faudrait pouvoir y tondre tous les ans 125 millions de moutons, c'est-à-dire bien plus que n'en fait vivre toute l'Australie (87 millions), où les toisons, il est vrai, sont notablement plus épaisses. Nous sommes bien loin d'en être là, — même en faisant entrer en ligne de compte toute l'Afrique du Nord. La question ne se pose pas d'ailleurs dans ces termes, et nous ne citons ces chiffres que comme éléments d'appréciation. Il reste que le nombre des moutons pourrait augmenter au Maroc, puisqu'on estime qu'il y a encore non utilisées près de 5 millions d'hectares de terres à parcours ; et que d'autre part ce sont les troupeaux des Beni Aniken, au nord de Rabat, qui fournirent probablement les ancêtres des *mérinos*, passés ensuite en Espagne, et dont on obtient, par la sélection et une bonne nourriture, des toisons de qualité fine du poids, non plus de 2, mais de 6 kilogrammes par brebis. L'Indochine, à cause de son climat humide, ne sera jamais un grand centre d'élevage du mouton. Mais on sait que la Chambre de Commerce de Tourcoing procède, en ce moment même, à des essais fort intéressants d'introduction de mérinos du Cap dans le sud de Madagascar, dans la Boucle du Niger et dans la Haute-Volta. Il s'agit de savoir si le climat, — et les pâturages locaux, — conviendront, et seront assez abondants.

Sur les 270.000 tonnes de *coton* consommées par la France en 1913, — réduites d'ailleurs à 234.000 tonnes en 1920, correspondant à peu près à la moyenne d'avant-guerre, — nos colonies ne nous en ont fourni, cette même année, qu'environ 4.500 tonnes, c'est-à-dire pas même 2 %. Sa situation s'est améliorée depuis. Mais on voit l'effort énorme qui reste à faire. La production de l'Algérie est tout à fait insignifiante (maximum 720 tonnes, aux environs d'Orléansville, en 1920), et, pas plus qu'au Maroc, ne parait climatologiquement susceptible d'un grand développement. L'irrigation et la main-d'œuvre coûtent trop cher. La production de l'Indochine n'a jamais dépassé 6.000 tonnes en coton égrené, et descend parfois à 3.000 tonnes. Il s'agit là de la production du Cambodge, celle du Nord Annam (Thanh Hoa) ne donnant lieu qu'à de faibles envois sur le Tonkin. Le sud Annam serait très propice au point de vue climat, mais il faudrait avoir recours à l'irrigation. Une autre question s'y pose : celle, déjà soulevée, de la main-d'œuvre qui doit être très abondante au moment de la récolte (2 récolteurs au moins par hectare). C'est un élément *primordial* du succès de la culture qu'on perd trop souvent de vue. Il ne pourrait être assuré au Cambodge, qui fournit, dès à présent, un coton d'excellente qualité, — *et où la culture pourrait s'étendre,* — que par une immigration de coolies chinois, qu'il serait d'ailleurs possible d'organiser, avec des coolies de l'île d'Hainan, par exemple, si le Gouvernement local s'y prêtait mieux, et n'était pas si préoccupé de ne pas laisser « submerger », pense-t-il, la population cambodgienne par des Chinois. Il faut savoir ce que l'on veut. Quand on sait que les filateurs du Lancashire déclaraient hautement en 1912, qu'ils étaient acheteurs de *500.000 balles de coton du Cambodge*... tel que commençait à le fournir le sud de l'Inde, (où il est devenu d'ailleurs sujet à des maladies contre lesquelles il se défend sur place); — et que les filatures japonaises prennent tout ce qu'elles peuvent de la production locale, — on peut être certain de la qualité de celle ci.

On parle beaucoup de la culture possible de coton dans la boucle du Niger. Des études très importantes sur les irrigations possibles y ont été, — et y sont encore, — poursuivies, soit par l'Administration, soit par des entreprises particulières, qui y ont déjà consacré des sommes élevées et des efforts très méritoires. Après avoir songé un instant à un plan d'ensemble qui comportait, notamment, un grand barrage, et trois gigantesques canaux, dont un seul, celui du Ségou, devait desservir une surface irrigable de 750.000 hectares, on parait être revenu à la conception plus modeste d'une série d'ouvrages de moins d'envergure, mais encore fort importants. Le climat et le sol paraissent propices à des cotons de bonne qualité (type Jumel, mais il est très exagéré d'évoquer, comme on le fait quelquefois, une comparaison avec l'Egypte. On oublie que, dans certaines provinces du Delta du Nil, la densité de la population dépasse 500 habitants au kilomètre carré ; et que la moyenne est de 310. Dans les régions les plus peuplées de la boucle du Niger, ou plutôt du Mossi, plus abondant en hommes et d'où on ferait venir des travailleurs, elle ne dépasse pas 70, et la moyenne s'inscrit à 35. Il est bon de ne pas perdre de vue non plus que la région visée est à plus de 2.000 kilomètres de la côte. Il parait plus sage d'escompter pour l'instant le développement de la culture indigène du coton dans des régions plus proches de la mer. C'est d'ailleurs à quoi vise le programme d'action récemment arrêté par le jeune Gouverneur Général de l'Afrique Occidentale, M. Carde, d'accord avec l'Association cotonnière coloniale. Il se préoccupe surtout de mieux outiller la colonie en usines d'égrenage et de pressage de coton en balles, qui seraient installées dans 4 centres du Soudan français, 3 de la Haute-Volta, 3 de la Côte d'Ivoire et 1 en Guinée. On se propose aussi d'améliorer le coton indigène par la distribution de semences sélectionnées dans des fermes officielles et l'amélioration des procédés de culture.

C'est la *soie* qui, grâce à l'Indochine, pourrait prendre, en fait de textiles, le plus rapidement une place plus importante dans notre économie coloniale. Ses polyvoltins y permettent, en effet, jusqu'à 5 et 6 récoltes par an. Sur les 5 et 6 millions de kilogrammes de grèges consommés en France avant la guerre, nous recevions 50°/₀ de la Chine, 21°/₀ du Japon et 14°/₀ d'Italie. Les proportions n'on guère changé si la consommation a légèrement augmenté. Et ce sont précisément les soies de la Chine méridionale que les grèges d'Indochine pourraient le mieux concurrencer ou venir renforcer. Si les grèges Cévennes du type le plus courant (11/12) représentaient, juste avant la guerre, 100, les « Filatures Tonkin », qui ne cotaient, quelques années auparavant, que 68, étaient arrivées à coter 80, contre 81 pour les « Filatures Canton ». Les « bassines à feu vu » de Namdinh, — type très intéressant pour les indigènes puisqu'il ne nécessite que quelques améliorations faciles des procédés de filature familiale qu'ils emploient, sans aller jusqu'à l'usine, — étaient estimées, (toujours par rapport au criterium cévenol de 100), 68, contre 67 pour le même type de Canton. L'exportation reste faible parce que l'emploi des grèges pour le tissage est de plus en plus en faveur dans la colonie même. Mais le delta du Tonkin, l'Annam, la Cochinchine, et surtout peut-être le Cambodge — à cause de l'égalité de son climat — se prêteraient à un développement considérable de la sériciculture. Les pontes sélectionnées, garanties exemptes de pébrine, sont distribuées aux éleveurs de vers à soie par des établissements officiels dont le nombre se multiplie. D'autre part des sélections et croisements judicieux sont arrivés à assurer, suivant l'expression technique, des « rentrées » de plus en plus avantageuses. Alors qu'il fallait, il y a quelques années, 25 à 26 kilogrammes de cocons pour obtenir un kilogramme de soie grège, il suffit maintenant de 18 kilogrammes de cocons. Il serait d'autant plus utile de s'occuper de plus en plus activement (et c'est d'ailleurs ce que fait la *Fédération de la Soie*), du développement de la sériciculture en Indochine, que la France, — qui fabrique pour plus de 2 milliards de soieries par an, — est cependant, malgré sa vieille réputation si méritée, de plus en plus concurrencée par les Etat-Unis. Ceux-ci absorbent maintenant les 17/18mes de la production japonaise, laquelle, jusqu'à la catastrophe récente, représentait, avec ses 18.700.000 kilogrammes de grèges exportées, les *six huitièmes* de la production mondiale totale disponible pour l'exportation (26.000.000 de kilogrammes.)

En dehors de la laine, du coton et de la soie, nos colonies n'offrent pour le moment, en fait de textiles proprement dits, ou de plantes pour sacs et cordages, rien d'intéressant au point de vue commercial. Mais le *jute* pousse en Indochine ; *l'hibiscus textile* dans cette même colonie et en Afrique occidentale (Dâ), les *agaves*, à la Réunion et dans le Sud Annam, bien qu'aucun ne donne lieu, pour le moment, à des échanges qui comptent vraiment. Il en va de même pour le *kapok* d'Indochine (Cambodge surtout) et d'Afrique ; la *ramie* du Nord Annam, la *crotalaire* et des *sansevières* diverses, et même l'*abaca* (chanvre de Manille), qui est en réalité un bananier, et a été introduit en Indochine ; etc...

Il faudrait parler aussi, si l'on pouvait être complet, des *plantes à sparterie* et *à vannerie :* les joncs du Tonkin et de la Cochinchine avec les *nattes* et *cabas* qu'on en confectionne ; les *lataniers* de l'Annam ; les *Caryota* du Haut-Tonkin ; et *la huon* (Livistona sinentis) du Sud Annam ; divers *chamoerops*, dont le plus intéressant, de beaucoup, est le palmier-nain du Nord de l'Afrique fournissant le *crin végétal* (29.000 tonnes exportées en 1920) ; le *raphia* malgache (plus de 8.000 tonnes exportées en 1920) qui sert notamment à tresser de fort beaux chapeaux ; les *piassave* de la même île et du Congo ; les *Pandanus* ubiquistes ; les *feuilles d'ananas ;* les *pailles de riz ;* les *rotins* pour l'ameublement, dont on peut rapprocher les *lui* du Nord Annam et du Laos, dont on fait des cannes et des manches d'ombrelle si élégants (*Tonkin canes*, du marché de Londres) : enfin, — et nous omettons volontairement des plantes plus ou moins importantes, mais dont quelques-unes pourraient se développer, — le *bambou*, la « plante à tout faire » des tropiques, et qui sert aussi bien pour confectionner des cloisons, des clôtures, des nattes, des conduites d'eau, des pipes, que des chapeaux.

Le bambou nous amène à dire un mot des *plantes à papier.* Tous les bambous ne sont pas également propices à cet usage. Il faut que ses nœuds (où s'accumule de la silice, gênante pour le brisement des tiges et la fabrication de la pâte) ne soient ni trop rapprochés, ni trop gros. L'Indochine offre au moins trois des quatre espèces les plus avantageuses, soit au point de vue de la teneur en cellulose (40 %), soit au point de vue qui vient d'être dit, soit au point de vue de la *fréquence* et de la *densité* des peuplements, qui ont été reconnues aussi dans l'Inde, et notamment en Birmanie. La vulgaire « herbe à paillote », le *tranh* des Annamites (*Imperata Koenigii*), graminée extraordinairement envahissante, peut être utilisée pour des mélanges (teneur en cellulose, 31 %), de même que plusieurs variétés de *Broussonetia* et de *Daphne*, dont on tire un si merveilleux parti, pour certains papiers de luxe, au Japon. La *paille de riz* (déjà mentionnée) pourrait être plus employée. Les *papyrus* offrent l'inconvénient d'une très forte teneur en eau (80 % dans les tiges vertes) ; mais on cherche néanmoins à les utiliser comme matière première dans le Zoulouland, dans le Soudan égyptien, et il en existe des centaines de milliers d'hectares en Afrique équatoriale, notamment dans le Bas-Ogooué. Cependant la ressource naturelle la plus intéressante, pour le moment, de nos colonies, au point de vue papetier, est l'*alfa* de l'Afrique du Nord, qui, bien exploité, repousse de souche, son rhizome étant vivace ; il couvre plus de 4 millions d'hectares en Algérie ; 1 million 1/2 en

Tunisie ; de larges espaces, encore mal reconnus, au Maroc ; et donnait lieu, avant la guerre, à une exportation de 100.000 tonnes d'Algérie et de 57.000 tonnes de Tunisie, principalement à destination de l'Angleterre.

On se préoccupe enfin, tant nos besoins en pâte à papier sont grands (361.000 tonnes valant 508 millions de francs en 1920), des arbres coloniaux que l'on pourrait utiliser à cet effet : *pins* de l'Indochine : *bois légers* des forêts tropicales de l'Afrique (« parasoliers », bois de *Somba*, etc...)

LES RESSOURCES FORESTIÈRES

Il faudrait, pour les exposer, tout un chapitre spécial au lieu d'un simple paragraphe ; d'autant plus qu'on en parle très souvent et qu'on a fait, — depuis bien des années, mais notamment à l'occasion de l'Exposition Coloniale Nationale de Marseille en 1922, — un très gros effort pour lancer, enfin, sur le marché métropolitain les bois coloniaux.

Il est certain que si l'on ne considère que l'étendue (très approximative) des surfaces boisées de notre domaine d'outre-mer : Côte d'Ivoire, environ 12.000.000 d'hectares ; Cameroun, environ 15.000.000 d'hectares ; Gabon et Congo, environ 42.000.000 d'hectares ; (France : 9.800.000 hectares de forêts), — bien qu'elles y soient très entamées, de même d'ailleurs qu'à Madagascar (où la forêt, — 10 à 12 millions d'hectares, — est même à peu près ruinée [il n'en resterait que 3 à 4 millions d'hectares de valeur réelle], d'après un botaniste qui la connaît admirablement, M. Perrier de la Bathie) et en Indochine (où elle offre cependant encore de forts beaux restes, sur une superficie qui n'a jamais été calculée, même approximativement) ; Guyane, peut-être 6.000.000 d'hectares — et nous laissons de côté la Nouvelle-Calédonie ; — ces chiffres sont impressionnants, Mais il faut tenir compte de l'*extrême hétérogénéité* de la forêt tropicale. Or on peut formuler l'axiome suivant : *la richesse d'une forêt, au point de vue de son exploitation économique, est en raison inverse de sa richesse floristique.* Il faut ajouter les difficultés de son exploitation : climat, manque de main-d'œuvre et de moyens de débitage et de transport (dans la forêt même, car, dans bien des cas, le flottage des billes, — *une fois rassemblées* — est possible dans de bonnes conditions). Il faut tenir compte aussi des difficultés des transports par mer, — des frêts élevés, des ignorances et des résistances du marché métropolitain, habitué aux bois, bien classés et de rendements sûrs, du Nord, et surpris par des essences dont les qualités ne sont que peu connues, et d'ailleurs fort variables suivant des espèces, dont le nombre énorme même prête à la confusion.

Il reste, cependant, qu'avant la guerre, l'Afrique équatoriale exportait 150.000 tonnes de bois, dont 69.000 tonnes d'*okoumé* trouvaient, à Hambourg, un débouché très régulier. Des missions spéciales, — celles de M. Auguste Chevalier, de M. Bertin, etc., etc... ont reconnu, en Afrique seulement, plus de 80 espèces pouvant être utilisées, et qui, à la suite d'essais, ont été classées commercialement. Nos compagnies de chemins de fer se sont groupées pour l'exploitation de 100.000 hectares de forêts au Gabon, près des lagunes côtières. On espère pouvoir sortir, au bout de quelques années, 300.000 tonnes par an de bois de la Côte d'Ivoire, qui exportait déjà avant la guerre, 40.000 tonnes d'*acajou*, produit par diverses Méliacées, principalement par le *Khaya ivorensis* (93.000 tonnes en 1923). Cet arbre, — et bien d'autres, notamment dans l'Afrique équatoriale, — offrent des matières premières merveilleuses (l'Exposition de Marseille l'a prouvé) à l'art souverain de nos ébénistes. Mais la menuiserie, la construction, la carosserie, le charonnage, etc... trouveraient aussi à s'alimenter dans nos colonies. En dehors de la question fondamentale des *prix*, c'est une question de patience, d'organisation commerciale et technique. Des comptages et essais très précis au Congo belge ont montré que, dans de bonnes forêts, 126 mètres cubes étaient utilisables à l'*hectare* (58 $^0/_0$ du peuplement), dont 74 mètres cubes exportables.

Aux *bois d'œuvre* et d'ébénisterie s'associent déjà et pourraient s'associer en quantités plus considérables pour beaucoup, bien d'autres produits forestiers : le *liège* d'Algérie, de Tunisie et du Maroc ; les *écorces tannifères* de sumac et de divers chênes (afarès, kermès, velani, chêne vert, chêne zéen) des forêts nord africaines, et des palétuviers du Gabon, de Madagascar et de l'Indochine qui pourraient être exploités d'une façon plus rationnelle (53.000 tonnes exportées sous forme d'écorces brutes de Madagascar, alors qu'il faudrait expédier des extraits) ; les *gommes* des acacias du Sénéral, en décroissance d'ailleurs ; la *noix de kola* de la Côte d'Ivoire ; les *résines* des pins du Tonkin ; la *gomme elémi* des *Canarium* du même pays ; les *damars* et *oleo-résines* des forêts africaines et indochinoises ; le *benjoin* et la *gomme laque* du Laos ; la *gomme-guette* du Cambodge ; le *camphre* de quelques rares arbres au Tonkin et la *camphrée* (*Blumea balsamifera*), abondante au contraire dans ce pays et au Laos ; et les *cardamomes* condimentaires, et le *cunao* tinctorial des sous-bois laotiens ou tonkinois, et les *racines de bruyère* (pour pipes) algériennes; etc., etc... J'en passe.

Les *lianes à caoutchoux* de l'Afrique, de Madagascar et de l'Indochine sont de plus en plus remplacées par le *caoutchouc de plantation*, provenant de l'*hévea*. La Cochinchine a pris la tête, avec 6 millions environ d'arbres plantés, dont 4.400.000 ont été saignés en 1922, contre 2.116.000 en 1921. La Cochinchine fournira bientôt le *quart* de la consommation métropolitaine (28.000 tonnes en 1923. Production mondiale : 404.000 tonnes, dont 240.000 tonnes absorbées par les Etats-Unis).

Nous n'avons pas encore épuisé la liste des productions actuelles ou potentielles de nos colonies. Il faudrait dire un mot du *tabac*, déjà si développé en Algérie et qui pourrait prendre une grande extension au Cameroun et dans certaines parties de l'Indochine (Sud annam ; province de Bac Kan, au Tonkin); des possibilités du *quinquina* dans les hauteurs du sud de l'Indochine, pour nous libérer du monopole des Hollandais (Java), et d'autres plantes médicinales comme la *coca* ou le *pavot à opium ; des plantes à essences et parfums* (badiane ; citronnelle ; patchouli ; géranium-rosat, ylang-ylang, vétiver, niaouli, essences de roses [région de Fez], etc., etc...), où le goût français, comme dans l'ébénisterie des bois tropicaux, ou la plume et les nacres, peut triompher encore.

On voit que, soit qu'il s'agisse de ressources minières, de ressources alimentaires, des produits de l'élevage ou de la pisciculture, des oléagineux, des textiles, ou des produits forestiers et autres de toutes sortes, les richesses, présentes ou virtuelles, sont là. Mais il ne faut pas se dissimuler non plus un seul instant que leur mise en valeur demandera de très grands efforts. Pour l'assurer, il faut, *avant tout*, par nos services d'hygiène, *augmenter la population*, nulle part suffisante, sauf dans les deltas du Tonkin et du Nord Annam. Il faut organiser et bien doter, en hommes et en argent, les services techniques, surtout les services agricoles et le service des irrigations. Voilà pour la tâche officielle. Pour le reste, on peut se fier à l'initiative privée. J'ai montré ailleurs ce qu'avait déjà fait la colonisation française (1), et qui s'est traduit notamment, en 1920, par un commerce, pour toutes nos colonies, d'une valeur totale de *dix milliards* dont *six* pour l'Afrique du Nord. On estime, d'autre part, à *7 à 8 milliards* (y compris les emprunts) les capitaux français investis dans nos colonies. C'est un beau commencement.

____

(1) On m'excusera de rappeler ma brochure ; **L'effort privé dans les** *colonies françaises.* (Extrait du Bulletin périodique, déc. 1923, de la Sté Belge d'Etudes et d'Expansion). Voir aussi le Tome II, *Compte rendu du congrès de l'organisation coloniale de Marseille* (1922) (Institut Colonial de Marseille, 1923).

DISCOURS DE M. A. LACROIX

Mesdames,
Messieurs,

Je tiens à remercier M. Ernest-Picard et le Conseil de la Société des Elèves et anciens élèves de l'Ecole des Sciences politiques de m'avoir fait le grand honneur de me confier la présidence de cette conférence ; j'en suis très touché et aussi quelque peu confus.

J'ai plaisir à féliciter en votre nom M. Henri Brenier du lumineux exposé dans lequel il a brossé une remarquable vue d'ensemble des innombrables et précieuses productions de nos colonies et discuté le grave problème de leurs débouchés. Nul ne pouvait tracer un tel tableau avec plus de compétence et d'autorité ; le succès de la mission économique que M. Brenier a dirigée jadis en Chine, son œuvre agricole et commerciale en Indochine, le rôle qu'il joue dans la direction de la Chambre de commerce de Marseille, enfin la part prépondérante prise par lui dans l'organisation de l'Exposition coloniale de l'an dernier sont des garants de la sûreté de ses informations et de la valeur des conclusions qu'il a su en tirer.

Après l'avoir applaudi avec vous, je n'aurai garde de m'aventurer sur le terrain économique qui n'est pas le mien, mais, puisque la présidence de cette belle conférence a été donnée à un naturaliste essentiellement préoccupé de recherches scientifiques théoriques, tout en ayant l'esprit ouvert sur les questions pratiques, vous lui permettrez de vous montrer en quelques mots la nécessité de l'intime liaison de ces deux points de vue qui trop souvent sont considérés comme distincts, alors qu'ils sont en réalité étroitement connexes.

Il semble que ce soit un lieu commun d'exprimer cette idée que toute tentative d'exploitation coloniale doit être précédée d'une étude scientifique complète de la région à exploiter.

Malheureusement, notre histoire coloniale est là pour prouver que cette proposition a besoin d'être démontrée. Il est incontestable que de sérieux efforts sont effectués pour rattraper le temps perdu. M. Brenier a de bonnes raisons pour ne pas me contredire, mais il n'est pas interdit. de penser et de dire qu'il y a beaucoup à faire dans cette direction. Un exemple me servira d'introduction.

Dès que Madagascar fut devenu terre française, un grand colonial, Alfred Grandidier, et un éminent zoologiste, Alphonse Milne-Edwards, alors directeur du Muséum d'histoire naturelle, songèrent à organiser une mission scientifique ayant pour but de réaliser ce que Bonaparte avait rêvé et partiellement exécuté lors de l'Expédition d'Egypte. Avant que des intérêts particuliers fussent en jeu, cette mission devait se consacrer à l'étude du sol, du sous-sol, de la faune, de la flore, des populations de la Grande Ile, afin de fournir aux futurs colons un inventaire sommaire, mais raisonné, de ce qu'ils allaient trouver et de ce qu'ils pourraient utiliser avec profit. Cette idée avait séduit le Gouvernement, des naturalistes étaient recrutés, mais bientôt le vent changeait de direction du côté officiel. Les quelques centaines de mille francs nécessaires furent considérées comme dépense somptuaire, inutile, et le projet fut abandonné. Il n'est pas douteux que cette économie n'ait coûté fort cher au pays ; en voici une preuve parmi beaucoup d'autres.

Des légendes vivaces s'étaient établies au sujet de questions sur lesquelles on comptait pour des réalisations immédiates, au sujet de ressources agricoles que l'on disait inépuisables, de richesses minières que l'on supposait sans limites. On avait vaguement appris, par exemple, que nombreuses étaient les rivières roulant de l'or, et, de là à l'espoir de la prise de possession d'un nouvel Eldorado, il n'y avait qu'un pas ; il fut vite franchi. Une foule d'ingénieurs, de prospecteurs partirent pour Madagascar. Tout était à connaître sur sa géologie ; on ne prit pas la peine de l'étudier méthodiquement. Une exploration géologique même rapide eût conduit aisément à limiter le problème, à reconnaître que plus d'un tiers de l'île est irrémédiablement sans intérêt au point de vue aurifère ; elle eût permis de définir les conditions très spéciales du gisement du métal précieux dans les deux autres tiers de la colonie. Après de nombreuses années de tentatives plus ou moins heureuses, — souvent moins, — effectuées sans coordination, avec grande dépense d'hommes et d'argent, on discutait encore sur la question primordiale de savoir si l'or se trouve ou non dans des filons. On n'ignore plus aujourd'hui que de véritables filons, coupant les couches, n'existent que dans une portion très limitée de l'île, sur quelques dizaines de kilomètres seulement, et que, partout ailleurs, le métal précieux est disséminé, en très faible quantité, dans les schistes cristallins eux-mêmes et dans des veinules de quartz interstratifiées au milieu de ceux-ci : cette notion est d'une importance capitale aussi bien pour les prospecteurs que pour les exploitants. Ce sont des recherches désintéressées, purement minéralogiques, qui ont permis d'énoncer, puis de démontrer sa généralité.

Voici un autre exemple : une étude lithologique, même superficielle, des schistes cristallins eut fait constater, dès la première heure, qu'ils renferment du graphite en très grande abondance et qu'en outre, grâce aux conditions particulières du climat tropical, toutes les roches silicatées alumineuses servant de gangue à ce minéral qui, pour n'être pas précieux, n'en a pas moins une grande valeur économique, sont superficiellement décomposées en une terre rouge, facile à débourber. Madagascar est sans doute le pays du monde où la dissémination du graphite est la plus grande et où il est le plus facile de l'extraire. M. Brenier vous a signalé tout à l'heure qu'une industrie minière est née aujourd'hui à Madagascar et qui a pour but de satisfaire aux besoins toujours croissants de la métallurgie ; celle-ci, sans parler d'autres exigences de moindre importance, consomme une quantité considérable de graphite pour la fabrication de ses creusets. Il ne m'appartient pas de rechercher pourquoi le commerce du graphite n'est pas à Madagascar aussi prospère qu'il devrait l'être, mais je tiens à vous signaler que l'on ne s'est aperçu de l'existence de cette richesse, si peu cachée, que quinze ans après notre établissement dans l'île.

Dans toutes les colonies étrangères, prospèrent des

services géologiques bien organisés, richement dotés, ayant pour mission d'établir des cartes géologiques traitées à un point de vue scientifique, mais ces cartes ne sont pas faites seulement pour les géologues, elles constituent aussi la base logique et nécessaire de toute recherche utilitaire de l'eau indispensable à la vie, des produits du sous-sol et elles ne sont pas indifférentes aux agriculteurs qui cultivent le sol.

Seule notre Indochine est bien outillée à ce point de vue ; depuis peu d'années, l'Afrique occidentale possède un rudiment de Service géologique, quelque peu vacillant au point de vue de sa stabilité administrative ; depuis plusieurs mois, un jeune ingénieur du Corps des Mines organise un service similaire à Madagascar, mais dans toutes nos autres colonies, même à la Guyane et à la Nouvelle-Calédonie, où cependant les richesses minières sont au premier plan des préoccupations économiques, vous chercheriez vainement une organisation géologique, même à l'état d'intention.

Permettez-moi de vous conduire maintenant en Afrique occidentale française et de considérer les richesses considérables renfermées par l'Océan qui baigne ses côtes ; là nous trouverons des faits démonstratifs et réconfortants. Pendant longtemps, l'on s'y était borné, pour l'exploitation de la mer, à des méthodes empiriques ; elles ont provoqué les pires mésaventures et découragé bien des initiatives, car une affaire manquée, quelle que soit la cause de son échec, a généralement de lointains retentissements sur les affaires similaires et en écarte industriels et capitalistes. Là aussi, il existait des légendes ; on parlait avec enthousiasme et de confiance des richesses ichtyologiques du Banc d'Arguin, des quantités invraisemblables de morues qui y vivaient et, là encore, on rêvait à un Eldorado, sous forme d'un nouveau Terre-Neuve. Ce fut M. le gouverneur général Roume qui, le premier, comprit la nécessité de tirer cette question au clair ; il ordonna l'inventaire scientifique de la faune des côtes sahariennes et la recherche de méthodes industrielles permettant sa mise en exploitation. Il trouva à la Faculté des Sciences de Bordeaux le savant qui allait consacrer sa vie à cette œuvre. M. Gruvel, aujourd'hui mon collègue au Muséum, aboutit rapidement à des conclusions précises ; dès 1905, il montra que l'on ne peut pêcher sur le Banc d'Arguin, car celui-ci est formé de hauts fonds rocheux sur quoi la mer brise avec violence et où il est imprudent de s'aventurer. Par contre, il fit voir qu'il existe sur toute la côte saharienne, depuis le Cap Barbas jusqu'à l'embouchure du Sénégal, des fonds de large étendue formés soit de grès, soit de sables plus ou moins vaseux, sur lesquels les engins modernes peuvent travailler en toute sécurité, sauf en quelques points qui furent soigneusement déterminés.

Enfin, il démontra que, si la morue ne se rencontre nulle part dans ces parages et que s'il faut renoncer au rêve d'un nouveau Terre-Neuve, il existe une faune d'une autre nature, à la fois abondante et riche, qui fut savamment dénombrée et déterminée. Cette faune est facile à capturer, à préparer, à conserver.

De cette enquête scientifique et économique est sortie une exploitation industrielle qui n'a pas tardé à montrer l'exactitude des conclusions formulées par le zoologiste. Elle a abouti, vous le savez, à la création d'un centre industriel qui paraît appelé à devenir le plus grand port de pêche de la côte occidentale d'Afrique, alors que les sociétés créées en 1882, sans étude scientifique préalable de la faune et des fonds, avaient lamentablement échoué.

Il est facile de trouver des arguments du même ordre pour démontrer la nécessité d'études botaniques approfondies pour le bon rendement agricole et forestier des colonies.

Il semble, au premier abord, que des spécialistes débarquant dans un pays neuf n'aient guère de chance de découvrir beaucoup de plantes dont l'utilité soit ignorée, car, sous toutes les latitudes, les indigènes, pour se nourrir, pour se vêtir, pour soigner leurs maladies, pour construire leurs cases, se sont ingéniés à employer toutes les ressources végétales qui les entourent, mais, là encore, les recherches scientifiques sont un guide d'une valeur inestimable, car elles substituent la méthode à l'empirisme et conduisent, par analogie, à prévoir les directions dans lesquelles il y a des chances de trouver des végétaux possédant des propriétés déterminées. Les bois de *Khaya*, de *Trichilia* et de *Karapa* de la Côte d'Afrique par exemple, n'ont été appréciés à leur valeur et exploités que le jour où les botanistes, ayant constaté qu'ils appartiennent à la même famille que l'acajou, ont eu l'idée de chercher s'ils ne possèdent pas des qualités analogues à celles de ce bois précieux.

Ce sont les études désintéressées du botaniste Pierre qui ont fait connaître les trésors forestiers de la Cochinchine, celles d'Aublet et de Sagot qui ont révélé la variété des riches essences de la forêt guyanaise, alors que Chevalier et plusieurs autres ont donné le bilan de la forêt africaine.

Leurs recherches n'ont pas seulement un intérêt botanique ; elles servent aussi de base rationnelle à l'exploitation et à l'aménagement des forêts coloniales. Le forestier, en effet, qui, en France, ne connaîtrait pas les différences botaniques existant entre un pin et un mélèze serait incapable d'assurer l'aménagement de nos bois ; le forestier doit avoir des connaissances théoriques étendues. Cette nécessité est beaucoup plus impérieuse encore quand il s'agit de tirer parti de la forêt tropicale essentiellement hétérogène, variée et riche en espèces imparfaitement connues ou inconnues à tous les points de vue. C'est essentiellement pour servir d'appui à la sylviculture tropicale que les botanistes anglais ont établi la *Flora of British India* et la *Flora of Tropical Africa*, que les Américains, en prenant possession des Philippines, ont, sans retard, créé le *Bureau of Science* qui, avec une incroyable rapidité, a fait le bilan des richesses naturelles du pays ; c'est encore dans le même esprit que les Hollandais ont adjoint à leur incomparable Jardin botanique de Buitenzorg un service spécial de botanique forestière.

Il serait injuste de ne pas signaler que des efforts du même genre ont été faits chez nous, — M. Brenier qui a dirigé, avec tant de compétence, les services agricoles de l'Indochine, peut en témoigner —, mais si nous considérons l'ensemble de notre domaine colonial, il faut reconnaître que ces efforts n'ont pas été généralisés, qu'ils n'ont pas eu une continuité suffisante et qu'ils manquent encore de direction générale. Le Muséum d'histoire naturelle fait de la bonne besogne dans cette voie, ainsi que le montre la belle *Flore de l'Indochine* dont, avec sa grande autorité, mon collègue, M. Lecomte, dirige la rédaction et la publication.

Au point de vue agricole, les études de systématique botanique ne sont pas moins indispensables ; en permettant de caractériser les aires de végétation, elles donnent une idée exacte des capacités du sol. Cosson et ses collaborateurs ont rendu un service signalé à l'Algérie, en parcourant le pays peu après la conquête, en établissant les caractères de sa flore, en précisant ceux des zones de sa végétation et, en même temps, la nature des cultures qui y sont possibles. Ainsi ont été évités aux premiers colons des essais ruineux et inutiles. A Madagascar, un intrépide pionnier, d'une farouche indépendance, M. H. Perrier de la Bâthie, vient de publier un remarquable essai sur la végétation malgache, après avoir recueilli d'innombrables documents qui serviront à établir sur des bases solides l'inventaire de la flore de la Grande Ile.

L'étude scientifique et méthodique des colonies est donc indispensable pour la mise en valeur de toutes leurs ressources naturelles, quelles qu'elles soient, mais je veux insister sur un autre point ; cette étude ne doit pas être limitée ; elle doit être entreprise dans tous les domaines, et sans que ses horizons soient bornés par des préoccupations utilitaires immédiates. Il n'est jamais possible de savoir si une recherche, en apparence purement spéculative, ne conduira pas dans un proche ou lointain avenir à quelque application importante.

En étudiant les minéraux des pegmatites de Madagascar, j'ai découvert des espèces minérales nouvelles pour la science, intéressantes par la complexité de leur

composition chimique. Lorsqu'au cours de leur des-
cription, j'ai fait remarquer que leur richesse en ura-
nium, et par suite en radium, pourrait les faire utiliser, si un jour, elles cessaient d'être des raretés, je
ne me doutais pas que, si rapidement, ces minéraux
allaient être trouvés en grande quantité — il en a
été extrait 18 tonnes au cours de cette année — et
que de cette recherche, de caractère si théorique,
allait sortir une industrie minérale et chimique.

Enfin, un dernier exemple vous paraîtra sans doute
plus typique encore, car il vous touche de plus près.
Lorsqu'en 1905, M. Gruvel partit pour sa première
expédition sur la côte saharienne, un de nos collègues
du Muséum lui signala une espèce de langouste dont
il n'était connu alors que deux exemplaires et il lui
recommanda de faire tous ses efforts pour en rapporter au moins un à notre collection nationale ; en en-
treprenant cette recherche ayant un objectif purement
scientifique, M. Gruvel découvrit de véritables gisements du précieux crustacé qu'il retrouva plus tard
sur toute la côte africrine jusqu'au Sud de l'Angola.
Cette espèce, rarissime en 1905, vous la connaissez
bien pour l'avoir dégustée avec plaisir, c'est la langouste royale dont aujourd'hui il arrive en France,
chaque année, quelque quatre cent mille individus.

Je suis heureux d'avoir eu l'occasion de présenter
ces remarques devant l'auditoire d'élite que constituent les élèves et anciens élèves de cette illustre maison. J'espère avoir convaincu ceux d'entre vous qui
ne l'étaient pas encore. Je compte beaucoup, pour faire
accepter ces idées dans les milieux coloniaux, sur des
hommes tels que M. Henri Brenier qui, ayant l'esprit

averti sur les questions de science, possèdent une grande pratique du commerce et de l'industrie et jouissent d'une grande autorité dans le monde des affaires.

II

LA POLITIQUE INDIGÈNE DE LA FRANCE

CONFÉRENCE DE M. Léon BARÉTY (1)
Député des Alpes-Maritimes

DISCOURS DE M. LE GÉNÉRAL GOURAUD
Gouverneur militaire de Paris

Mesdames, Messieurs, (1)

Nos lointaines possessions nous ont donné pendant la guerre une preuve de leur attachement en demeurant dans l'ordre et la paix. Nous avons contracté vis-à-vis d'elles, une dette de reconnaissance.

Elles nous ont envoyé, sans compter, des denrées alimentaires, des marchandises, des matières premières et nous avons appris à connaître l'importance des services qu'elles pouvaient nous rendre.

Mais si l'on veut produire de la richesse, il faut perfectionner l'homme qui est appelé à la produire, il faut qu'il soit heureux de travailler, et il ne le sera que si la politique indigène lui conserve ses traditions, le soigne, l'instruit, respecte ses croyances, l'enrichit et l'administre sans violence. D'ailleurs, au-dessus de ces considérations dictées par la reconnaissance et l'intérêt, il y a le devoir qu'une grande nation colonisatrice assume envers les peuples attardés : celui de les relever du dénuement matériel et moral où elle les trouve et de les initier progressivement aux bienfaits de la civilisation.

Pour y parvenir, elle utilisera, suivant le degré de développement des races, les méthodes appropriées à chacune d'elles, méthodes sans cesse d'ailleurs revisées par l'expérience et qui se résument dans ces mots ; la politique indigène.

(1) 14 janvier 1924.

Mais si simples que soient les mots, il ne faudrait pas perdre de vue que l'unité de formule cache une infinie variété de moyens. Les instants dont je dispose ne me permettront pas de vous en parler longuement. Mais tout à l'heure, nous tournant vers le Général Gouraud qui a bien voulu accepter de présider cette réunion, nous le prierons d'évoquer les souvenirs de sa longue et glorieuse carrière coloniale. Nous nous rappelons qu'en 1913, la voix du Général Lyautey couverte par les applaudissements, proclamait dans cette salle : « Gouraud, c'est un jeune chef à l'histoire déjà légendaire et qui réunit les plus hautes qualités du Chef » Ces qualités, vous avez su, mon Général, les mettre en œuvre en combattant l'adversaire, et en lui infligeant la défaite, mais aussi en l'accueillant, en recevant sa soumission, en vous montrant bienveillant, en vous l'attachant par la justice, la bonté et l'intérêt, en pratiquant en un mot la politique indigène.

Il est inévitable que la présence d'une minorité d'Européens au milieu de populations primitives ou d'une civilisation différente pose des problèmes graves et complexes.

L'homme est, en effet, un produit du milieu qui le nourrit, de la race dont il est issu, de la société où il vit. Entre les blancs, derniers arrivés, et les indigènes, des dissemblances existent sur la manière d'être, de penser et de vivre. Ce sont religions différentes, usages différents, langue, morale familières aux uns, incomprises des autres. Pour l'indigène, le blanc commet à chaque instant des sacrilèges et des profanations qui appellent sur lui la vengeance des dieux. Pour l'Européen, l'indigène est un primitif. Lui résiste-t-il ? Il le combat. Est-il trop faible ? Il le méprise.

Tels sont les premiers rapports. Ils ne sont pas précisément de nature à créer de l'amitié.

Gobineau est si pénétré de l'idée qu'entre Blancs, Jaunes et Noirs, les dissemblances sont trop profondes, trop irréductibles, qu'il voit une infranchissable muraille de Chine séparer les races. Pour lui, toute politique de rapprochement demeurerait stérile.

Pourtant, on peut supposer que, forcées de vivre et de travailler côte à côte, il faut bien que ces deux sociétés, condamnées à une promiscuité dont elles souffrent, mais qu'elles ne peuvent éviter, tentent, bon gré, mal gré, un effort réciproque de compréhension et d'adaptation. C'est aux Blancs, arrivés à un plus haut degré d'intellectualité, qu'il appartient de comprendre la nécessité d'une entente. Elle ne sera possible que s'ils savent faire abstraction de leurs préjugés de race. Sans doute, ils jugent leur civilisation supérieure. Mais il leur faut comprendre qu'elle n'est pas spontanée, qu'elle' est le fruit de longs siècles de recherches et d'efforts. Et qu'ils se disent bien aussi que, partie à la conquête de l'utile, leur vieille Europe a peut-être fait fausse route ? Les hommes y sont-ils meilleurs ou plus heureux qu'ailleurs ? Pourquoi donc nourrir la prétention d'imposer notre vie et nos goûts à des peuples que leurs mœurs et leurs croyances millénaires séparent de nous. Si leurs esprits consentent un jour à s'ouvrir aux réformes, ce sera seulement après une longue initiation dont la politique indigène aura ménagé les transitions.

Les Français ont compris de bonne heure cette conception de la colonisation, et ils s'y sont attachés parce qu'elle séduisait leur altruisme naturel et leur bon sens. Dès le xvi° siècle, comme s'il avait voulu la marquer du sceau de notre race, en faire une chose bien à nous, un vieux Français avait cherché la formule de cette politique :

« Un pays conquesté, disait-il, est comme un enfant
« nouvellement né qu'il faut allaiter, bercer, comme
« un arbre nouvellement planté qu'il faut appuyer,
« ascenser, défendre de toute injure, comme une
« personne sauvée de longue maladie qu'il faut choyer,
« épargner, restaurer. »

Ainsi s'exprimait Rabelais, et nous pensons exactement de même aujourd'hui.

« Dans l'ancien droit, dit notre actuel Ministre des
« Colonies en usant à peu près de la même image,
« une chose dominait : la puissance absolue du père.
« Nous avons lutté pour l'abolir et pour établir le
« droit de l'enfant. A côté des droits de la mère-
« patrie, il y a le droit des colonies qui doit être res-
« pecté. »

A quatre siècles d'intervalle, c'est donc la même tradition généreuse qui se manifeste. Et il faut bien reconnaître que placer au-dessus de toutes les questions d'intérêt le désir de favoriser l'évolution des peuples attardés après les avoir arrachés à l'état statique où ils gisent, il n'est pas de plus noble but pour un peuple colonisateur ni de plus généreuse manière de comprendre son rôle !

C'est pourquoi tous ceux qui pensent avec Etienne Lamy que la France a pour fonction « de restituer l'oxygène à l'atmosphère des peuples », qu'elle excelle à rappeler aux idolâtres de l'utile l'utilité du beau et la beauté du devoir, l'acceptent avec enthousiasme. Mais d'autres se prétendent plus réalistes, et, soucieux avant tout de l'intérêt national, ils critiquent pour cette raison une théorie dont ils reconnaissent la grandeur, mais dont le désintéressement aveugle conduit fatalement, disent-ils, tôt ou tard, à l'émancipation, à l'indépendance des colonies. La France manque de bras et d'argent. Sa politique coloniale doit donc être avant tout réaliste.

Mais la politique indigène, peut-on répondre, n'exclut pas le réalisme, bien au contraire. Veut-on pacifier rapidement le pays ? Trouver des secours chez l'habitant ? Mettre en œuvre les moyens de production et rendre aux populations le calme nécessaire à la prospérité de l'agriculture ? C'est la politique indigène qui conduira le plus vite à ces résultats pratiques. L'expérience en a déjà été faite maintes fois par nous en Asie comme en Afrique.

La politique indigène, mais c'est celle de Galliéni à Madagascar. « N'oublions pas, recommandait Galliéni à ses troupes d'opérations, que toujours nous devons ménager le pays et les habitants et il faut nous rappeler que, dans les luttes coloniales, nous ne devons détruire qu'à la dernière extrémité et dans ce cas encore ne détruire que pour mieux bâtir. »

La politique indigène, c'est celle de cet autre grand Français qui tentait en 1898 la traversée du Sahara, le Commandant Lamy. Voici comment, d'après sa correspondance, la clémence envers des nomades a assuré le ravitaillement de sa colonne, au Hoggar, en pays touareg alors hostile :

« Les convoyeurs Châamba, écrit le Commandant Lamy, font prisonniers des Touaregs. On les amène au Camp. Ils pensent qu'on va les égorger comme des moutons. Mais non, surprise ! On leur donne à manger. Les prisonniers constatent avec joie qu'on n'en veut pas à leur existence. Ils s'apprivoisent vite, et, le soir même, à la lueur d'un grand feu, on leur fait chanter des chansons de leur pays et exécuter, au son du tambourin arabe, des danses variées, à la grande joie de nos hommes. La glace était rompue. » Le jour suivant, on les libère pour qu'ils aillent chercher leurs camarades qui serviront de guides et vendront à la colonne des moutons et des chèvres du pays. Le Commandant en fait acheter une trentaine et assure ainsi le ravitaillement de ses hommes.

Trente moutons c'est, au Sahara, un bon prix pour un acte de sagesse politique qui, répété deux fois, dix foix, cent fois, peut assurer parfois la conquête pacifique d'un pays.

De cette politique, l'œuvre de nos grands gouverneurs généraux porte la marque : les Albert Sarraut, les Merlin, les Carde en ont tiré tout le profit ¡désirable.

Reniant les vieilles conceptions du pacte colonial et de l'assimilation, ils ont préféré cette méthode, qu'après l'essai si fructueux de Faidherbe et Dodds au Sénégal, de Trentinian au Soudan français, le Maréchal Lyautey devait porter au Maroc à la perfection.

Le pacte colonial, pendant des siècles, les conquérants s'en étaient contenté. Pour eux l'assujettissement des colonies n'était jamais trop rigoureux. Ces pays de l'or et des épices, n'en avait-on pas cherché la route et l'empire pour l'exclusif profit de la Métropole ?

Les populations aborigènes, loin d'être utiles à leur exploitation, gênaient les nouveaux occupants. C'est pourquoi on en arrivait, comme en Nouvelle-Angleterre, en l'an 1756, à payer une prime par tête d'Indien tué. En 1771, les 105 navires négriers que possédait la ville de Liverpool, transportèrent aux Iles plus de 28.000 esclaves nègres. Ainsi, on s'inquiétait peu de voir disparaître les races et se dépeupler les étendues. Les Espagnols de leur côté, en Amérique du Sud, massacraient sans scrupules, et semaient autour d'eux la haine qui, un jour, appellerait la révolte.

On pourrait supposer que de telles méthodes sont désormais abolies. Pourtant, il y a peu d'années encore, en 1897, un officier de l'armée allemande ne s'en déclarait-il pas partisan quand il écrivait dans la *Neue Deutsche Rundschau* : « Des populations aussi improductives que les races noires n'ont aucun droit à l'existence ! »

A de telles conceptions qui ont trouvé des fonctionnaires et des colons allemands pour les mettre en œuvre, la conscience universelle a répondu en enlevant à l'Allemagne son Empire d'outre-mer.

De plus en plus, en effet, cette conscience des nations s'immisce dans l'entreprise coloniale, et voici maintenant qu'elle en arrive à se reconnaître un droit de contrôle sur les méthodes employées, un droit de vérification sur les résultats moraux et politiques obtenus par les peuples colonisateurs.

C'est elle qui dicte aux négociateurs de Versailles l'article 22 du Traité, lequel introduit dans le droit international la nouvelle conception du mandat.

Dès le xiii° siècle d'ailleurs, les philosophes français, suivant en cela les instincts de générosité qu'on retrouve toujours chez notre race, avaient mis en vogue la théorie du « bon sauvage » et donné aux esprits fins le goût de l'altruisme.

La Révolution arrache les indigènes aux servitudes qui pèsent sur eux, dénonce le pacte colonial qui les étouffe économiquement, decrète l'égalité politique de tous les hommes.

Mais en même temps avec elle, triomphe la doctrine d'assimilation.

Les Conventionnels, avec beaucoup d'innocence, s'imaginaient changer les hommes par décret et, malgré la diversité des races, faire de tous nos sujets lointains des Français soumis au système administratif, politique, scolaire et judiciaire de la métropole. Ils oubliaient que les peuples se séparent profondément par l'hérédité, la religion, les mœurs et la morale. Une idéologie humanitaire leur faisait briser l'armature sociale des races protégées sans pour cela les rapprocher de nous. Plus tard, sous l'influence des mêmes idées fausses, nous avons encore espéré d'un trait de plume ou d'un vote du Parlement assimiler les Algériens par une brusque révolution politique et sociale.

La morale condamne donc l'assujettissement et la raison l'assimilation.

C'est la méthode d'association que notre conscience, notre prudence nous recommandent. Il se trouve d'ailleurs, heureusement, que cette dernière correspond à nos moyens financiers assez pauvres, à nos possibilités démographiques assez minimes, aux conditions économiques où nous nous trouvons.

Politiquement, l'association trouve sa meilleure forme dans le système du protectorat qui laisse aux indigènes les grandes avenues du pouvoir, mais place aux carrefours stratégiques les fonctionnaires européens auxquels elle donne droit d'initiative et droit de veto.

Economiquement, elle établit entre l'indigène et l'Européen l'indispensable collaboration : celui-ci assume la conception, la direction et la découverte scientifique, celui-là l'exécution.

Socialement, elle protège les traditions, les usages et les croyances de peuples qui sont si différents du nôtre.

C'est au Maroc qu'il faut mesurer le rendement d'une telle méthode.

Au Maroc, pays de contrastes violents, les opérations militaires sont rendues difficiles par le terrain. Les steppes et les déserts succèdent aux massifs montagneux. La race est fière et courageuse, passionnément éprise de liberté, amoureuse de la guerre dont elle fait un moyen normal d'existence. Par ailleurs, elle possédait des armes modernes et nos ennemis n'avaient pas manqué de l'exciter contre nous. Ajoutez à cela que, de 1914 à 1919, nos troupes se battaient avec des effectifs réduits.

Pourtant, tous les obstacles sont tombés un à un, grâce à nos succès militaires sans doute, mais grâce aussi à cette politique qui savait profiter des victoires pour mieux s'attacher les cœurs.

« La meilleure manière de servir la France dans ce pays, dit le Maréchal Lyautey, d'y assurer la solidité de son établissement, c'est de lui apporter l'âme et le cœur du peuple Français. C'est la tâche la plus noble, la plus haute et la plus pure, la plus digne de la France et de ses traditions, que d'associer à ses destinées, non pas un peuple asservi, mais un peuple bénéficiant, grâce à notre protectorat, de la plénitude de ses droits naturels et de la satisfaction de tous ses besoins moraux. »

Un écho, dont le retentissement a été grand dans le monde, a répondu aux nobles paroles du Chef marocain. M. Albert Sarraut, Ministre des Colonies, parlant à Bruxelles, a dit, dans une splendide conférence, comment la France entendait et pratiquait la colonisation :

« La colonisation n'est plus une opération unilatérale, à but mercantile ou politique, uniquement conçue et accomplie pour le seul intérêt du colonisateur ou du conquérant en quête exclusive d'un marché privilégié, d'un comptoir ou d'un point d'appui. »

Non, certes, elle n'est pas cela, et si nous nous demandons maintenant ce qu'elle est, nous répondrons : elle est cette politique indigène suivie par la France au Maroc, elle est cette politique qui nous a permis pendant la guerre de maintenir l'ordre et la paix dans notre vaste Indo-Chine avec quelques milliers d'hommes, et de tirer de nos colonies près d'un million de soldats et de travailleurs et plus d'un milliard de tonnes de marchandises.

L'étude et le respect des croyances religieuses qui sont communes à toutes les sociétés naissantes, qui leur inspirent leur morale et leur loi, mais qui les séparent aussi profondément par la manière dont ces sociétés entendent le surnaturel, paraissent le point de départ de la politique indigène.

Nous avons sous notre autorité des peuplades fétichistes et animistes. Sur elles pèsent les superstitions et les terreurs d'un grossier matérialisme. Elles ont conservé les rites barbares, les sacrifices sanglants.

Quel sera le rôle de la politique indigène ?

Bien entendu, lutter contre des pratiques que condamnent la morale et l'humanité, abolir ces rites et ces sacrifices. La tâche sera souvent difficile car la force de la coutume atavique est si grande que nous aurons souvent du mal à détruire même la plus inhumaine. Dans les Indes, il en est une qui s'appelait le « sutti ». Elle obligeait la veuve à se brûler sur le corps de son mari. Les Anglais, dit-on, ne sont pas encore parvenus, au Népal, à la faire entièrement disparaître.

Cette réserve étant faite, le principe qui demeure est le respect absolu des croyances et de la liberté de culte des indigènes. L'importance de cette règle ne saurait échapper.

« En Annam, fait observer M. Regismanset, la religion n'a pas, comme en France, son domaine distinct. La culture ne se confond pas avec elle. Les Français vivent politiquement sous le régime de la séparation des Eglises et de l'Etat. L'Annamite, par contre, confond le souverain avec la divinité. Alors que notre société européenne se libère de plus en plus des manifestations collectives et des tendances symboliques, en Annam, prédomine l'importance des rites et le culte des morts. Enfin, alors que tout le droit public en France, depuis la Révolution, est assis sur cette hypothèse : le contrat social, tout le droit public indochinois repose sur ce fait social constaté : la famille, dont l'organisation est religieuse.»

En pays d'Islam, l'importance des croyances et des forces religieuses n'est pas moins capitale. La foi domine la vie économique, politique et sociale, et elle descend jusqu'à réglementer l'hygiène individuelle.

Pénétré de cette idée, M. Augustin Bernard n'allait-il pas jusqu'à dire, dans une conférence qu'il fit en cette salle avant la guerre : « L'Islam, voilà le grand obstacle ! » Et il rappelait, à l'appui, ce mot de Bugeaud : « On pourrait faire bouillir dans une même marmite jusqu'à la fin des temps un musulman et un chrétien : ils ne se mélangeraient pas ! »

Les événements ont donné tort à Bugeaud.

Qu'aurait-il dit, en effet, s'il eut pu voir nos Algériens, nos Marocains, nos Tunisiens et nos Noirs musulmans mêler sur une terre française leur sang à celui des nôtres ? Notre politique indigène a fait ce miracle. Qu'eut-il dit s'il eut pu voir à chaque anniversaire douloureux les tombes aux croix de bois et celles que surmontent le croissant se fleurir par la pitié et la reconnaissance des vivants envers tous ceux qui sont morts pour la France ? Heureux les peuples et les hommes qui parviennent, par ce don de se communiquer aux autres, à vivre et à mourir non seulement en eux-mêmes, mais en ceux dont ils ont gagné les cœurs !

Félicitons-nous donc que Paris ait bientôt sa mosquée, et que la France suive fidèlement ses traditions de grande puissance islamique, ce qui n'est qu'un strict devoir à l'égard de ses nombreux sujets et protégés musulmans.

Je ne crains pas d'ajouter, dans un même ordre d'idées, que, dans les collèges musulmans de l'Afrique du Nord, l'enseignement donné aux jeunes indigènes serait incomplet s'il passait sous silence la religion de leurs pères, et je cite volontiers à cet égard, d'après un article de M. de Pouvourville, l'opinion d'un spécialiste, M. Marty, officier interprète et directeur du collège musulman de Fez :

« La société marocaine consent volontiers à l'expérience psychologique que nous tentons sur ses enfants par la distribution de la culture française, mais à cette condition expresse que cette éducation nouvelle ne sapera ni directement ni sourdement la culture et la foi musulmanes. C'est là, entre les Marocains et nous, un contrat solennel, encore que bien souvent tacite. Nous devons témoigner dans tout notre enseignement d'une sympathie réelle et visible de la culture et de la pratique islamique, car, chez l'Arabe, la religion, indissoluble et indistincte de la morale, constitue l'édifice social. »

Les traditions et les coutumes dérivent généralement des croyances. Le Coran, livre saint des descendants de Mahomet, est aussi le livre fondamental du droit musulman. Ces coutumes, ce droit indigène, il nous faut les respecter comme nous respectons le Culte et la Foi.

En pays de protectorat, nous prenons le solennel engagement de conserver aux indigènes leurs lois et leurs coutumes, de leur laisser leurs institutions juridiques. Mais lorsque cette règle n'est pas sanctionnée par une obligation, explicitement contractée, c'est la sagesse qui nous commande encore de nous y tenir, car s'il nous prenait l'envie de bouleverser du jour au lendemain le droit privé, nous verrions la Société indigène, une fois son armature détruite, s'écrouler dans le désordre et l'anarchie. « Les lois écrites ou non écrites a dit « Spencer, formulent la domination des morts sur les « vivants. » Elles s'élaborent lentement au cours des siècles. Aucune société ne peut d'un seul coup s'y soustraire. La conception juridique que nous nous formons, par exemple, du statut personnel, de l'organisation de la famille, du mariage, de l'autorité paternelle, des droits et des devoirs de l'enfant, allons-nous les imposer à des hommes qui admettent la polygamie et chez qui la famille est encore patriarcale ? Même observation en ce qui concerne les biens. « La propriété foncière individuelle, dit M. Girault, qui est en Europe un agent de progrès économique, introduite chez une population primitive et imprévoyante, peut devenir une cause rapide de ruine. » En un mot, on ne peut admettre que des lois françaises conviennent indistinctement à des Arabes, des Nègres, des Annamites et des Malgaches, quand nous voyons les règles de notre Code ne pas donner satisfaction à des Italiens ou des Belges pourtant si proches de nous.

M. Jonnart, qui rendit tant de services à l'Algérie, nous montre, dans un raccourci, les dangers qu'il peut y avoir à imposer la législation française aux populations indigènes : « On s'imagine, — dit-il — qu'il « suffisait d'étendre la loi française aux Musulmans « pour en faire des Français. On promulgue la loi de « 1873 sur la propriété indigène, et c'est l'Arabe broyé « dans l'engrenage de nos Codes ; on supprime la « mahakma, c'est-à-dire la justice des cadis, simple et « expéditive, on exalte la sérénité et la probité de nos « juges, et c'est l'Arabe livré à la tourbe des agents « d'affaires et ruiné par les lenteurs, le formalisme et les « frais de notre procédure ; on applique notre loi « municipale de 1884 aux communes de plein exercice, « et c'est du coup un million d'indigènes qui souffrent « d'être peu ou prou surveillés et administrés. »

Le maintien des juridictions indigènes, en matière civile, rentre aussi dans le programme de la politique indigène. Il offre de sérieuses garanties au justiciable. Le juge indigène connaît en effet les mœurs, la langue, la mentalité des plaideurs ; autant de raisons pour qu'il soit mieux à même de juger.

D'une façon presque générale, la nécessité d'un Code Pénal spécial aux indigènes est aussi apparue. Dans le *Temps* du 16 novembre 1897, le correspondant de ce journal à Madagascar, signale la recrudescence de crimes qu'avait suscitée la substitution de notre Code Pénal au Code Malgache beaucoup plus rigoureux.

Ne pas porter atteinte aux croyances, aux coutumes, aux traditions : voilà la règle d'abstention qu'impose au peuple colonisateur la politique indigène. Mais elle lui prescrit aussi des devoirs d'intervention importants et nombreux.

Le premier sera naturellement de veiller à la préservation de la race, de lutter, là où ils sévissent, contre ces deux fléaux terribles : la disette et la maladie endémique.

On a fort justement fait observer que, dans nos possessions, si l'élément français peut aspirer à se superposer à l'élément indigène, il ne saurait le remplacer. De quel droit d'abord refoulerions-nous les indigènes ? Comment ensuite notre situation démographique métropolitaine déjà déficitaire nous le permettrait-elle ?

Notre devoir et notre intérêt nous commandent donc de favoriser l'accroissement de la population indigène.

Hélas, c'est, comme en France, un problème de la dépopulation qui se pose dans certaines de nos possessions, telles l'Afrique Occidentale et l'Afrique Equatoriale. Là, avant de songer au peuplement, il faut sauver ce qui reste de population. En A. O. F. notamment, la densité est à peine de trois habitants au kilomètre carré. La sous-alimentation, la maladie ravagent impitoyablement les tribus.

Mais si la tâche qui nous incombe reste immense, il serait injuste de ne pas reconnaître l'effort accompli et les résultats acquis. La France poursuit là-bas une œuvre de régénération qui est tout à son honneur.

Sur la côte d'Ivoire, par exemple, on a encouragé les indigènes au travail ; Nous exigeons que les champs soient ensemencés, que les cases soient plus propres et plus saines. Nous distribuons aux Noirs des fusils de chasse. Nous leur enseignons, non sans mal, la prévoyance. Mais quelle tâche difficile que de ramener des peuplades tombées si bas à reprendre goût au travail et à la vie !

A côté de l'action administrative, s'est développée parallèlement l'action médicale. Celle-ci est surtout préventive contre les épidémies. Les Nègres se livrent volontiers aux mains du médecin blanc. « J'ai vu, en 1905, dit M. Guy, au moment où les « Maures nous combattirent, les malades traverser en « pirogues le fleuve du Sénégal pour venir consulter « le docteur sur la rive opposée et recevoir des soins « qu'on ne leur refusait jamais. Je ne sais rien de plus « significatif que cette confiance instinctive de l'ennemi « qui n'hésite pas à se mettre entre les mains de son « adversaire ».

A Bouaké, sur la Côte d'Ivoire, bien qu'il y ait un médecin pour 200.000 habitants et par 30.000 kilomètres carrés, on a distribué 25.000 doses de vaccin par mois. En 1922, on a hospitalisé 1.618 indigènes. Journées d'hospitalisation : 95.000. Consultations données : 580.000. Vaccinations : 246.000.

A Saïgon, en 1901, l'Institut Pasteur délivrait 916.690 doses de vaccins ; en 1921, ce nombre est porté à 1.650.630. En 1901, 48 personnes seulement se faisaient traiter contre la rage ; en 1921, elles étaient 452. De 1917 à 1922, le chiffre d'analyses microbiologiques passe de 442 à plus de 8.272. Pendant la même période, l'Institut de Natrang décuplait sa production de sérum anti-pesteux.

« C'est par l'enseignement, dit M. Garde, apporté
« aux jeunes générations que naîtra cette commu-
« nauté d'idées qui lient les races dans un même désir
« de progrès. Pour lutter contre les tares hérédi-
« taires, il ne faut pas s'adresser aux anciens, asservis
« par les traditions séculaires, il faut former la
« mentalité malléable de l'enfant afin qu'il s'affran-
« chisse du passé. »

Nous savons qu'il serait criminel de laisser nos sujets indigènes dans l'ignorance, et nous sommes décidés à ouvrir des écoles. Mais n'oublions pas que les enfants qui en sortiront garderont pour toujours notre empreinte, bonne ou mauvaise, suivant ce que nous leur aurons appris.

Si nous avons réussi, notre conquête se sera développée dans le domaine des âmes. Elle deviendra inébranlable. Si nous nous sommes trompés, nous aurons fait des rebelles, des malheureux, des déclassés, nous aurons semé dans le peuple la rancune qui prépare la révolte.

Le problème de l'enseignement est donc délicat et grave. Il ne sera résolu qu'avec beaucoup de tact et de prudence.

L'enseignement primaire indigène me paraît avoir un premier objectif : il doit, suivant une formule du Général Galliéni, « *fournir à l'indigène le moyen d'apprendre un métier et d'exercer une profession lucrative* ».

Telle est aussi l'opinion de M. Jonnart qui voudrait voir créer, en Algérie, des œuvres post-scolaires « destinées à ne pas laisser s'évaporer le bénéfice de « l'école, à creuser, à vivifier le sillon tracé par le « maître et aussi à fournir au jeune indigène, par la « création de fermes-écoles et d'ateliers d'apprentis- « sages, le moyen de gagner sa vie ».

Voici franchi le premier stade de l'éducation et de l'enseignement : nous avons fait d'un primitif un artisan et c'est déjà un noble et beau résultat. Nous aurons encore cependant à lui donner, après lui avoir fourni le moyen de gagner sa vie, un bagage intellectuel suffisant pour qu'il soit, parmi ceux de sa tribu ou de son village, un instrument de perfectionnement social et de propagande. Ce bagage, il vaudra mieux souvent le lui donner *dans sa langue maternelle*, précisément pour qu'il puisse pratiquement s'en servir et répandre ses connaissance autour de lui.

L'enseignement franco-indigène est un second stade. il peut, il doit s'adresser *à la masse* lorsqu'elle est prête à le recevoir.

Puis, vient l'enseignement supérieur qui forme l'élite, qui prépare des cadres à nos administrations, mais qui peut aussi nous réserver des surprises et des déceptions si, voulant former des intelligences semblables aux nôtres, nous n'avons pas su faire, en même temps, des cœurs voisins des nôtres.

L'exemple des Anglais est ici très instructif.

Les Anglais, aux Indes, ont développé tout particulièrement l'enseignement des classes supérieures en négligeant délibérément celui de la masse. Mais « la culture de l'esprit fait germer l'idée critique, écrit excellemment M. Demangeon, et les intellectuels hindous, grâce à leur connaissance de la langue anglaise en même temps qu'ils apprécient les causes de la supériorité britannique, découvrent les points faibles de leurs maîtres. »

L'enseignement secondaire, forme dans l'Inde une proportion relative de jeunes gens plus grande qu'en Angleterre. Dans le Bengale, dont la population égale celle du Royaume-Uni, la proportion des classes élevées qui fait des études régulières dans les Universités est près de *dix fois* plus forte qu'en Angleterre.

Quant à nous, nous avons su, au Maroc, attirer vers ce collège franco-musulman de Fez, dont je parlais tout à l'heure, les fils de ces opulentes et influentes familles qui forment l'élite de la vieille cité marocaine, laquelle est un des centres intellectuels du monde islamique. Ces jeunes gens seront plus tard des chefs et des savants réputés. Aujourd'hui, entre l'élève et le maître, se sont établis cette cordialité, cette confiance, ce respect mutuel, où les Français excellent parce qu'ils ont, au plus haut point, ces qualités de tact et de mesure qui les préviennent, dans l'échange intellectuel, du mot qu'il faut dire et du mot qu'il vaut mieux taire.

L'utilisation des indigènes dans les administrations coloniales est, pour notre politique, à la fois un but et un moyen : un but puisqu'en ouvrant des écoles, nous avons voulu préparer des hommes capables de nous aider dans l'administration du pays ; un moyen aussi, car des fonctionnaires indigènes, interposés entre la population et nous, rendront plus rares les froissements avec les administrés.

Nous avons, sur ce point, des leçons à recevoir des

Anglais. Aux Indes, les fonctionnaires indigènes sont au nombre de 2.600.000 dans l'administration, 1.700.000 dans la police, 5.000.000 dans les chemins de fer et les postes. En face de cette innombrable armée d'employés indigènes, une dizaine de milliers seulement de citoyens britanniques, occupant les postes supérieurs, suffit à gouverner l'immense possession !

Nous aurions grand intérêt à introduire chez nous la méthode anglaise. Nous manquons, en effet, de bras, et nous avons partout, aussi bien que les Anglais, des indigènes capables de remplacer les employés européens qui ne sont pas à leur place dans les fonctions subalternes et coûtent fort cher à nos budgets coloniaux.

Mais nous n'avons ni la volonté, ni le pouvoir de faire de tous nos élèves des fonctionnaires. Le plus grand nombre d'entre eux sera rendu, à la sortie de l'école, aux travaux agricoles et au commerce, et contribuera, par les connaissances professionnelles et techniques acquises auprès des maîtres français, à la mise en valeur des richesses économiques.

Construire des ports, des routes et des voies ferrées, ouvrir des marchés où les habitants viendront s'approvisionner et vendre leurs produits en toute sécurité, faire bénéficier les indigènes des progrès économiques, augmenter leur bien-être matériel, accroître leurs richesses, c'est assurer la paix en attachant ces indigènes au régime dont ils profitent les premiers.

C'est pourquoi il faudra, là où le besoin s'en fait sentir, créer des organismes spéciaux pour l'achat et la vente des moissons, organiser des sociétés de crédit mutuel agricole, construire des fermes modèle, où l'indigène sera initié aux procédés modernes d'élevage et de culture. Il y a là tout un programme d'une ampleur extraordinaire et d'une portée incalculable.

S'il fallait faire comprendre le danger de s'attaquer aux intérêts matériels des indigènes, ou simplement de les négliger, je citerais l'exemple de l'Egypte.

En Egypte, au début de la guerre, les cours du coton s'étant effondrés, les filateurs anglais en profitèrent pour acheter les stocks à bas prix au détriment des fellahs égyptiens. Plus tard, les cours s'étant élevés par suite des besoins grandissants, le Gouvernement de Londres acheta toute la récolte à des prix inférieurs à ceux du marché anglais. Mais, selon l'expression si juste de M. Demangeon, par de tels procédés, « en dépréciant le produit de son champs, on touchait, pour ainsi dire, à l'âme du paysan. » On commit une nouvelle maladresse en parlant d'établir des barrages sur le Haut Nil, ce qui menaçait l'irrigation des terres sans laquelle le riche Delta serait un désert.

On réquisionna maladroitement, on recruta pour le Corps d'opérations de Palestine. Un grand mécontentement s'ensuivit.

Dès lors, l'Egypte, lésée dans ses intérêts économique était prête à voir s'étendre l'agitation nationaliste qui, jusqu'alors avait eu faiblement prise sur les masses rurales.

« L'Angleterre, comme le fait très justement observer M. Chailley, n'a jamais admis ses colonies à être représentées dans le Parlement britannique. Elle leur a donné des libertés et des institutions locales plus ou moins développées, suivant que ces colonies renferment une proportion plus ou moins considérable de population de race blanche. Quant à une représentation dans le Parlement, rien, si ce n'est le droit, pour les sujets britanniques originaires des colonies, de se faire, s'ils le peuvent, élire par une circonscription métropolitaine. Tel cet Indien qui, le troisième dans l'histoire, représentait un quartier de Londres. »

En France, où le système de l'assimilation fut longtemps en faveur, on n'a pas suivi la même règle. Nos anciennes colonies, Antilles, Réunion, Indes françaises, ont obtenu des représentants au Parlement.

Le Sénégal, la Guyane, et la Cochinchine en ont à la Chambre. Par contre, nos autres colonies ne sont pas représentées.

Dans les départements d'Algérie, un régime spécial est établi. L'indigène n'est représenté et ne jouit de tous les droits du citoyen que s'il est naturalisé français. S'il a conservé son statut personnel islamique, il n'est représenté que dans les assemblées délibérantes algériennes. Ces Assemblées sont de deux sortes : mixtes (Conseils généraux, Conseils municipaux, Délégations financières) ou spécialement indigènes comme la djemaa, par exemple. Récemment, la loi du 4 février 1919 a eu pour effet de faire virtuellement concourir 50 % des indigènes musulmans non citoyens français à la formation de 1.600 assemblées délibérantes. C'est un grand pas fait peut-être un peu prématurément, dans l'octroi des droits politiques aux indigènes.

La question de la création d'Assemblées représentatives élues dans les colonies et pays de protectorat qui en sont dépourvues est à l'ordre du jour. Elle a fait l'objet de propositions de lois. A cet égard, rappelons que les Indes anglaises ont obtenu, à la fin de l'année 1919, après une longue campagne, non pas le self-government réclamé dans les congrès de Lucknow, Calcutta et Bombay, mais simplement la réforme du Gouvernement de l'Inde. Deux chambres ont été créées, le Conseil d'Etat et l'Assemblée Législative. Mais tous les membres n'en sont pas élus, une partie d'entre eux étant nommée par le Gouvernement qui conserve un droit de veto. Sur une population mâle de plus de 160 millions, il y a moins d'un million d'électeurs. On .ne peut donc parler d'un droit de suffrage étendu.

Les problèmes soulevés par la représentation politique comptent parmi les plus délicats de la politique coloniale. Deux principales considérations dominent la question : d'une part, la nécessité d'étendre progressivement, quand ils sont dignes d'en comprendre l'importance et l'usage, les droits politiques des indigènes ; d'autre part, la prudence qui s'impose si l'on veut éviter les troubles que l'ignorance ou la passion d'hommes insuffisamment préparés au rôle d'électeurs ne manquerait pas de susciter si l'on voulait aller trop vite.

MESSIEURS,

Cette esquisse d'un programme de politique indigène, est aussi celle de la noble tradition coloniale française. Depuis les origines du mouvement qui a entraîné notre peuple à la découverte de nouveaux rivages, cette tradition n'a pas varié. La France, qui fut de tous temps une grande nation colonisatrice, le fut toujours avec générosité et grandeur d'âme.

Sans doute, à part Montcalm au Canada et Dupleix aux Indes, il n'y a pas eu à l'origine de politique indigène. La théorie n'en était pas construite. Mais il y avait cette curieuse inclination de notre race à ne pas se tenir à l'écart des indigènes, à se rapprocher d'eux. « Aucun autre peuple, — dit un vieil auteur anglais en parlant de nous — n'a montré autant de talent à se concilier les sauvages et à s'adapter leurs usages et leur mode de vie. »

Paul Leroy-Beaulieu est si convaincu de notre faculté d'adaptation particulière qu'il croit devoir nous mettre en garde contre « cette facilité à prendre les mœurs et les idées des populations primitives ». Il a raison. Si l'adaptation doit se faire, elle doit élever vers nous le primitif par la politique indigène, et non nous faire déchoir de notre civilisation pour nous rapprocher de la sienne. Il n'en demeure pas moins qu'aucun autre peuple ne sait mieux être clément, affable et juste vis-à-vis des indigènes, aucun ne possède, au même degré, cette psychologie qui pénètre l'âme différente, ce tact qui préserve des erreurs politiques, cette façon d'*aimer socialement*, et, suivant l'expression de Charles de Foucauld « *de faire sentir aux indigènes qu'on les aime pour être aimé d'eux.* ».

Dans une belle image, Fouillée nous montre l'inventeur de la charrue continuant de labourer, invisible, auprès du laboureur.

Cette image peut s'appliquer à l'œuvre de nos colonisateurs.

Demain, d'autres Français iront poursuivre, dans notre vaste domaine colonial, cette politique indigène qui fera de la France une nation de 100 millions d'hommes. Demain, d'autres Français récolteront les fruits que l'effort et les sacrifices des premiers réalisateurs auront fait germer.

Mais, ces premiers réalisateurs — j'en ai nommé quelques-uns au cours de cette conférence, tant d'autres auraient mérité de l'être ! — continueront, comme l'inventeur de la charrue, à creuser, invisibles, le sillon d'où montera, lourde de bon gain, la moisson future.

DISCOURS DE M. LE GÉNÉRAL GOURAUD

Vous sentez bien que j'ai considéré comme un honneur d'être appelé à présider cette réunion. L'Ecole des Sciences Politiques est assez connue partout — elle l'était par conséquent par moi-même — pour qu'il ne soit pas besoin d'insister, mais j'ai senti tout le prix de cet honneur en pénétrant dans votre Maison et en voyant ce tableau de vos morts de la guerre si nombreux comme partout, de ceux qui sont les seuls véritables héros et 'dont le sacrifice fait que, malgré toutes les difficultés de l'heure, nous sommes tout de même un peuple victorieux et libre.

Je ne doute pas d'être votre interprète à tous en adressant à M. Baréty nos compliments et nos remerciements.

Il était impossible de faire en aussi peu de temps, en moins d'une heure, un exposé lumineux de notre politique indigène, d'un problème si complexe, si peu connu et souvent si injustement critiqué.

Le fait que j'ai été appelé à l'honneur de présider cette réunion, que j'ai succédé dans le Gouvernement militaire de Paris à un autre Colonial, mon ami le Général Berdoulat, n'est-il pas une petite preuve que les colonies ne donnent pas une mauvaise formation, et s'il est incontestable que l'homme se ressent toujours du milieu où il a vécu, la confiance que marque depuis 1919 le Gouvernement de la République aux Coloniaux, en donnant la garde de Paris à deux d'entre eux successivement, n'indique-t-elle pas que notre politique indigène est bien telle que l'a définie M. Barety, humaine, libre et bienfaisante.

Je ne pense pas que M. Clemenceau, pas plus que M. Poincaré, eussent voulu risquer de confier la garde de Paris à des « brutes coloniales », ainsi qu'il a été de mode de nous appeler jadis.

En ce qui me concerne, pendant vingt ans d'Afrique, au Soudan, à Zinder, au Tchad, en Mauritanie, au Maroc, j'ai conscience d'avoir, avec mes camarades comme avec les administrateurs qui travaillaient à côté de nous ou qui nous ont suivis, délivré de malheureuses populations de despotes cruels ou du fléau aussi grand de l'anarchie, d'avoir sans tarder, dès que le calme revenait, établi l'ordre, la sécurité, la justice, bientôt suivis de l'assistance et de l'instruction, et par là, dans une mesure plus ou moins forte suivant les pays où nous appliquions notre effort, amélioré la situation morale et matérielle du pays ; justifiant ainsi notre action colonisatrice, suivant la pensée d'Albert Sarraut.

Si vous me permettez une anecdote, j'ai souvenir d'un petit fait qui m'a prouvé dans le pays le plus lointain où j'ai servi, au bord du lac Tchad, combien les indigènes sentent rapidement les bienfaits de notre présence et formulent cette satisfaction d'une façon curieuse et saisissante.

Je me trouvais dans un village du pays de Baguirmi, soumis tout récemment, et il y faisait une température écrasante, au mois de mai ; le soleil est alors un dieu terrible en Afrique. On m'avait fait assoir sous un vague arbre épineux, — je ne vous recommande pas l'ombre de ces arbres, mais tout de même c'était quelque chose — et les chefs et les notables s'étaient groupés sur le sable dans un rayonnement de lumière et de chaleur effroyable.

Le chef prit la parole et me dit pour me remercier : « Depuis que les Français sont ici, nous sommes toujours à l'ombre ! »

Il ne pouvait certainement pas mieux glorifier les bienfaits de notre occupation qu'en se croyant à l'ombre !

Dans la plupart des cas, la colonisation a commencé par la conquête militaire, imposée soit par la nécessité de prendre la défense de nos nationaux, soit par celle de répondre à une insulte à l'honneur national ; mais au Liban et en Syrie, d'où je reviens, le cas s'est trouvé différent et nous avons été appelés par les populations. Notre prestige, là-bas. remonte aux Croisades, mais ce sont de vieux souvenirs, nébuleux, et si le Gouvernement français, en 1919, a été appelé par les peuples du proche Orient, c'est avant tout à l'action bienfaisante, depuis des siècles, de nos écoles, que ce résultat est dû.

Vous avez tous lu l'admirable enquête sur les pays du Levant de Maurice Barrès. Ancien Haut-Commissaire en Syrie et au Liban, je joins mon témoignage à celui de l'éminent écrivain, et je suis sûr que mon ami, le Général Weygand, ne ferait pas moins.

M. Baréty vous a exposé comment l'action colonisatrice est passée de l'annexion au large protectorat marocain. Mais en Syrie et au Liban, nous ne faisons pas œuvre de colonisation ; notre action n'a pour but et pour effet que de guider les peuples dont la Société des Nations nous a confié le mandat, ainsi qu'il convenait d'ailleurs à des population non seulement possédant une vieille civilisation, mais ayant une élite fort instruite et fort affinée.

Une ombre a été jetée dans certains esprits sur notre action dans le Proche-Orient, du fait des opérations militaires qui s'y sont déroulées au lendemain de la guerre, et vous me permettrez peut-être d'essayer de le dissiper en deux mots.

L'on s'est demandé souvent comment il pouvait se faire que l'on tirât des coups de fusil en Syrie, puisque les populations nous avaient appelés. Qu'on veuille bien se rappeler que, seul, le peuple Libanais avait manifesté en notre faveur et que, dans la conception primitive, la Syrie musulmane intérieure était réservée à l'Emir arabe Fayçal ; que, d'autres part, nos troupes occupaient alors la Cilicie, en vertu d'un addendum à l'armistice turc passé par le Maréchal Allenby. Cela suffit à expliquer comment nos troupes, à peine débarquées, furent assaillies au Nord par le mouvement Kémaliste, et, à l'Est, par l'armée de Fayçal. La guerre était allumée au Nord et à l'Est, mais elle l'était, non pas de notre fait, non pas contre les gens qui nous avaient appelés, mais à leur bénéfice, et là encore les soldats Français, comme dans tant d'autres pays, ont versé leur sang pour délivrer des peuples et établir leur indépendance.

Vous n'avez pas oublié que les attaques de Fayçal se multiplièrent jusqu'au point où le Gouvernement français les trouva intolérables. Une journée de bataille, le 24 Juillet 1920, suffit pour faire effondrer son trône et dès le lendemain les grandes ville syriennes de Damas et d'Alep nous ouvrirent leurs portes.

Toujours clémente, la France a pardonné à ces égarés ; elle en a été récompensée par une fidélité qui ne s'est plus démentie, et notre réputation s'est établie si vite dans cette Syrie musulmane qu'au Sud, aux confins de la Transjordanie hostile, le pays Druze, jamais conquis par les Turcs, nous a appelés de lui-même.

A ceux qui voudraient en savoir davantage sur cette période, je ne puis que conseiller de lire l'œuvre remarquable qu'a écrite votre camarade, mon ami Pierre Lyautey, sous le titre de : *Le drame oriental*.

Ces opérations militaires qui nous furent imposées par nos voisins, n'empêchèrent pas l'exercice du Mandat. J'ose dire qu'il s'est accompli avec rapidité : le Liban jouit d'un Conseil Représentatif élu ; en Syrie les affaires de chaque Etat sont confiées à un Conseil composé de Syriens et ayant à sa tête un Gouverneur Syrien, tandis que les Affaires communes aux trois Etats réunis dans une Fédération ont de même également à leur tête un Conseil Fédéral présidé par un Syrien.

Ce n'est pas le moment d'exposer en détail le fonctionnement du mandat, ni les institutions dont nous avons doté le Liban et la Syrie. J'ai entendu, il y a un mois, mon ami M. Robert de Caix, faire devant le Comité de l'Asie Française une communication que le Comité voudra bien, je l'espère, insérer dans son bulletin, car elle renseignera tous ceux que la question pourra intéresser.

Je disais tout à l'heure qu'on pouvait voir dans la présence successive au Gouvernement Militaire de Paris des Généraux Berdoulat et Gouraud une preuve que l'action civilisatrice de la France avait été bienfaisante. C'était une boutade. Il y a une autre preuve, la plus grande, la plus tragique qu'on pouvait imaginer, c'est la fidélité de nos colonies, de nos pays de protectorat, des plus jeunes, comme le Maroc, dans la guerre même, aux bons jours comme aux mauvais ; c'est l'appui puissant qu'ils nous ont donné sur les champs de bataille et dans les usines.

Nous ne pouvons oublier que la France a compté parmi ses soldats, 262.000 hommes de l'Afrique du Nord, 200.000 Noirs, 50.000 venus de l'Indo-Chine, et qu'elle a eu en outre 124.000 travailleurs de l'Afrique du Nord, et 220.000 venus d'autres colonies. Ces braves gens, venus de pays si lointains, abandonnant leurs villages, leurs familles, traversant la mer, seraient-ils venus, se seraient-ils battu avec tant de courage, seraient-ils morts, si nous avions été des oppresseurs ?

Beaucoup d'entre eux; vous le savez, ont compté dans les meilleures divisions d'attaque et tout le monde en France connaît en particulier le nom glorieux de la Division Marocaine. Le Maréchal Lyautey, en réalité. a envoyé en France 4 brigades, c'est-à-dire 2 divisions. C'est à la tête de la 4ᵉ Brigade que j'eus le bonheur d'être appelé au front, en septembre 1914. J'avais passé le mois d'août à Fez, où j'avais pour chef d'état-major cet homme de devoir dont les qualités de cœur égalent l'intelligence et la science, le général Dufieux, que tous ceux qui le connaissent ont salué hier avec tant de confiance dans la confirmation de son commandement de l'Ecole de Guerre.

Dans cette période d'août 1914, vous vous imaginez sans peine quels pouvaient être nos sentiments à mes officiers et à moi. Nous causions avec nos amis de Fez de cette vieille et sainte ville, de ce Fez dont les rues, deux ans auparavant, retentissaient de coups de fusil et où tombaient massacrés dix-sept de nos officiers, et les Fazi nous disaient : le Marocain ne bougera pas, mais à deux conditions : la première, c'est que vous n'enleviez aucune troupe — vous avez vu comment cette condition a été remplie : le départ de quatre belles brigades — ; la seconde était plus singulière encore, c'était que la guerre ne durât pas longtemps ! Et la guerre a duré quatre ans, et le Maroc a perdu dès le début ses meilleures troupes et il est resté intact et tranquille, contribuant à maintenir par là même la tranquillité de l'Algérie et il s'est développé ! Il ne faut pas seulement voir dans ce résultat prodigieux l'effet de nos méthodes de colonisation et de protectorat, il faut rendre hommage au grand Français, au grand homme que vous avez déjà applaudi tout à l'heure, au Maréchal Lyautey.

Dans cet appui si précieux, si nécessaire à certaines heures. que les colonies et les troupes indigènes nous ont donné dans la guerre. il me semble qu'en toute justice, il faut conclure que nos hommes d'Etat, les Jules Ferry, les Eugène Etienne, les Albert Sarraut, ont été singulièrement clairvoyants en développant l'action de la France outre-mer.

Mais nous ne devons pas nous borner à ce sentiment platonique ; la conférence de M. Baréty vient à son heure en ce qu'il est nécessaire peut-être de rappeler à la France, non seulement que les colonies sont une de ses forces essentielles, mais aussi que les jeunes gens qui trouveront la vieille France encombrée et qui auront l'énergie de passer la mer, n'auront, neuf fois sur dix, qu'à s'en féliciter. Ils trouveront là-bas d'abord le développement de leurs facultés ; ils y apprendront les qualités d'initiative, de volonté, de persévérance qui sont toujours nécessaires ; ils apprendront, officiers ou colons, à compter sur eux-mêmes plutôt qu'à chercher, comme il arrive trop souvent dans notre vieille France, de nombreuses recommandations.

Parmi eux, des officiers feront l'apprentissage du danger, et si j'ai pu rappeler tout à l'heure la renommée des troupes indigènes et en particulier des troupes marocaines, n'allez pas croire que ces hommes d'une autre race, si braves qu'ils soient, le soient tout de même plus que les nôtres ; mais ils avaient à leur tête et dans leurs rangs, une pléïade d'admirables officiers qui avaient déjà, et parfois souvent, entendu siffler les balles, qui s'étaient trouvés dans des conditions critiques, avaient regardé la mort en face et qui entraient dans la grande guerre avec une confiance complète que leur troupe a bien vite reflétée.

Hélas ! la plupart de ces Héros sont morts, et ces vides seront difficilement comblés...

La nouvelle armée, telle qu'elle va être organisée, avec le service dix-huit mois, donne aux réserves, et en particulier aux officiers et sous officiers de complément, un rôle infiniment plus grand, plus lourd que par le passé. En 1914, il est permis de dire que le choc a été reçu et brisé à la bataille de la Marne par les officiers de l'Active et les hommes de la loi de trois ans. Dans la nouvelle armée, si la catastrophe était de nouveau déchaînée par la volonté de l'Allemagne, le nombre des officiers comme des sous officiers et des hommes des réserves, dépasserait dans tous nos régiments le nombre des officiers et des hommes de l'Ac-

tive. C'est dire quel patriotique devoir c'est pour les
les officiers de complément, pour vous tous, messieurs,
de vous préparer dès le temps de paix à être à la hauteur de votre tâche, à être certains, si un jour vous aviez
le redoutable honneur de conduire des soldats à la bataille, de les conduire de telle façon que vous leur ins-
piriez une entière confiance, vous aussi.

Et je me suis demandé, en voyant, tout à l'heure, le
tableau, si les noms de ces braves qui sont inscrits sur
cette table de pierre, sont tous des noms d'officiers, et
s'il n'y a pas parmi eux beaucoup de noms de soldats.
Qui peut me répondre ? Il y a des deux sans
doute ! (1)

Vous voyez ma pensée, Monsieur le Président ; je
suis convaincu que, dans l'armée que nous allons avoir,
plus encore que par le passé, l'instruction, telle qu'on
la reçoit ici, impose un devoir ; il n'est pas contes-
table que l'officier rend plus de services encore que le
soldat : ils sont égaux en courage ; mais l'officier apporte en outre son intelligence et sa science.

Si l'Allemagne déclanchait de nouveau la catastrophe ! Et dirais-je que lorsqu'on regarde ce qui se
passe de l'autre côté du Rhin depuis l'Armistice, on
ne peut plus raisonnablement être assuré que la grande
guerre d'hier était, comme tous le désiraient si passionnément, la dernière. Le meilleur moyen pour
qu'elle reste la dernière, pour que l'Allemagne ne soit
jamais tentée de courir sa chance de revanche, c'est
que la France, que sa situation géographique met à
jamais, avec la Belgique, aux avant-postes — et c'est

(1) M. d'Eichtal, directeur de l'Ecole, répond : « Il y a des deux,
anciens élèves et élèves ».

ce que le général Dawes et ses collègues ne devront pas oublier, non moins que la nécessité de rétablir la productivité de l'Allemagne — c'est que cette France garde une force militaire suffisante pour décourager l'adversaire.

Cette force militaire, ce ne sont pas seulement des fusils, des canons, des chars, des avions, tout un matériel puissant, ce sont des soldats pour les servir, c'est un peuple fidèle à son devoir militaire et gardant vivant au fond du cœur le souvenir de la grande guerre.

J'ai souvenir qu'en août ou septembre 1918, nous avons fait, à la 4ᵉ Armée, un prisonnier de marque, un officier de l'Académie de guerre, et qui causa assez volontiers avec les officiers de mon 2ᵉ Bureau.

Il n'a pas caché qu'il était singulièrement inquiet, tout en affirmant son espoir que l'Allemagne finirait par triompher, et il a ajouté :

« Je suis convaincu, et je ne suis pas le seul, que si le Kaiser et le Chancelier avaient pu se douter que la France ferait une pareille résistance, qu'elle aurait à côté d'elle l'Angleterre et que l'Amérique finirait par entrer dans la guerre, ils ne l'auraient jamais faite ».

Ce n'est pas douteux.

Cette opinion d'un officier d'état-major allemand est à retenir. Elle nous indique non-seulement notre intérêt, notre devoir, mais elle nous montre aussi combien, pour la paix de l'Europe, il importe que le bloc des alliances soit maintenu. Et je voudrais que vous me permettiez de vous dire sur ce point mon sentiment, né depuis quelques mois, en lisant les journaux, en feuilletant certains illustrés, en causant à droite et à gauche.

Un certain nombre de gens paraissent assez montés contre les Anglais.

Qu'on soutienne, comme nous devons le faire, le Président Poincaré dans le bon combat qu'il mène avec une si admirable fermeté, c'est le devoir de tous les Français. Il l'accomplit et il continuera à le remplir.

Mais, de là à oublier que dans ce bon combat notre adversaire est tout de même l'ami dont la présence a joué un rôle si précieux, si important à la première Marne, l'ami qui a perdu 800.000 de ses enfants, morts avec les nôtres, j'estime que, par justice comme dans notre plus direct intérêt, nous ne devons pas en arriver là.

J'ai vu, pour fixer ma pensée, il y a un mois, un petit journal satirique qui donnait en première page un dessin représentant la France à genoux, pleurant, la tête dans les mains, devant un monument aux morts et, derrière elle, le John Bull et l'Oncle Sam légendaires versant des larmes énormes. Le dessin était intitulé : *Larmes de crocodile !*

Eh bien ! je vous le demande. Comment voulez-vous que les familles des soldats anglais et américains, qui pleurent leurs enfants tombés et enterrés en France, comme nous pleurons les nôtres, acceptent de pareilles choses ?

Je conclus.

Soyons fermes dans la défense des droits que nous tenons de la victoire et du traité, mais n'égratignons pas nos amis ; soyons justes envers eux. Prenons garde qu'au jour du danger, s'il devait revenir, nous soyons seuls. C'est un danger et c'est une injustice de laisser s'affaiblir les souvenirs de guerre, qui nous font clairement voir nos amis et nos ennemis.

III

L'OUTILLAGE PUBLIC ET LES COMMUNICATIONS AVEC LA MÉTROPOLE

CONFÉRENCE
DE M. Edmond DU VIVIER DE STREEL
Membre du Conseil supérieur des Colonies .

DISCOURS DE M. L'AMIRAL LACAZE
Ancien ministre de la Marine

Vous me permettrez, tout d'abord, de remercier mon ami, Paul Ernest-Picard, de m'avoir fourni l'occasion d'exposer aujourd'hui des idées qui me sont chères devant un auditoire de jeunes camarades que leur âge, leur haute culture, la sensibilité de leur patriotisme et l'enseignement de notre Grande Ecole inclinent naturellement vers les projets de grande envergure et qui ne sauraient s'étonner qu'on propose à leur examen, — malgré les difficultés de l'heure présente ou en raison même de ces difficultés, — un programme dépassant, dans l'espace, les frontières de l'Europe, et, dans le temps, la durée moyenne d'une existence humaine.

Mes contemporains ont eu la pénible destinée de mûrir leur cerveau sous le pâle soleil de la défaite. Ils ont, durant leur enfance, vécu les heures troubles pendant lesquelles l'Europe cherchait, avec angoisse, un équilibre que l'ambition des uns et l'égoïsme des autres rendaient précaire. Ils se sont, ainsi, trop habitués à considérer cette Europe tumultueuse comme le centre du Monde, le foyer unique d'où émanait toute lumière, toute force, toute richesse et tout pro-

(1) 25 janvier 1924.

grès ; aussi s'étonnent-ils un peu, aujourd'hui, que les Américains sourient de leur illusion et qu'ils consi-dèrent notre Continent comme une « Petite Chose » : une « chère petite chose » disent ceux qui nous aiment, — une « petite chose cher » disent les autres.

Les générations dont la pensée devient adulte en cette troisième décade du xxᵉ siècle peuvent mieux percevoir qu'elle marque le début d'une ère nouvelle, comme la fin de l'Empire d'Occident ou la découverte de l'Amérique, ère au cours de laquelle grandiront d'autres hégémonies et s'épanouiront des forces longtemps endormies, blanches, jaunes ou noires, orthodoxes, musulmanes, bouddhistes ou fétichistes, sur des continents immenses, près d'océans jusqu'ici déserts.

Le comte de GOBINEAU, dans son œuvre si riche en idées et en images, parle des crises qui bouleversent le Monde et des ténèbres qui les suivent ; il nous décrit en même temps les fleurs d'or qui naissent soudain « sur la mer barattée par les génies célestes ». Ces fleurs d'or sont, dit-il, « les grandes merveilles de « la vitalité humaine » ; et il ajoute : « la mort de « toute chose, au lieu d'être la fin de cette chose, n'est « rien que le commencement de son appropriation à « de nouveaux états ».

La renaissance économique et sociale des peuples de l'Asie, de l'Afrique et de l'Océanie, sera la fleur d'or qui s'épanouira, demain, sur le charnier de l'Europe.

Aux peuples qui prétendent à un perpétuel rayonnement, il appartient de se rendre compte de cette évolution ; je veux dire — et vous m'avez compris — que tous les Français doivent se persuader que pour rester, demain comme hier, au premier rang des nations, il ne faudra pas seulement être forts et respectés par ses voisins Européens, ni échanger des idées et des marchandises dans le cercle restreint de nos régions tempérées ; mais qu'il sera nécessaire de porter plus loin les flammes de sa pensée et l'activité de ses échanges : Ce n'est plus la carte d'Europe qu'il faut désormais que les hommes clairvoyants aient sous les yeux, c'est la carte du Monde. Il faut la regarder sans cesse... il faut même la jouer.

Cette idée se répand, vous le savez, depuis quelques temps en Angleterre ; elle inspire les campagnes récentes faites par des hommes d'Etat et des publicistes illustres qui n'hésitent pas à dire : « désintéressons-nous de l'Europe, occupons-nous du Monde ».

Si notre position géographique et si les nuages qui couvrent notre horizon oriental ne nous permettent pas de devenir indifférents aux questions européennes, nous n'en avons pas moins le devoir impérieux de porter plus loin nos regards ; car c'est au-delà de la Méditerranée qu'ont jailli les sources imprévues de notre puissance et de notre richesse futures.

Que dis-je ? C'est là, déjà, que se trouvent les éléments principaux de notre prestige actuel ! Quiconque a voyagé et pris contact avec les étrangers qui pensent et qui comptent au dehors, ne me démentira pas si j'affirme que ce prestige, que notre autorité et notre influence actuelles sont moins les enfants de notre passé et de notre victoire que de l'admiration qu'inspire la souveraineté que nous exerçons sur un domaine colonial de 10 millions de kilomètres carrés peuplé de 55 millions d'habitants auprès desquels les 550.000 kilomètres carrés de la métropole et sa population de 38 millions d'habitants font assez petite figure.

Sur notre sol européen on sait que notre effort est forcément limité, que notre richesse ne peut être sensiblement accrue ; par contre, les Anglons-saxons mesurent notre potentiel à la jauge des résultats qu'ils ont obtenus eux-mêmes depuis un siècle dans leurs possessions d'outre-mer et qui dépassent de beaucoup déjà ceux qu'à atteints leur métropole en huit siècles. Nous sommes à peu près les seuls dans le monde à ne pas considérer que la principale force de la France, l'élément essentiel de sa grandeur future réside pour elle, comme ce fut et c'est encore le cas pour l'Angleterre, dans les ressources d'un vaste empire colonial.

Il est temps de ne plus fermer les yeux à l'évidence, et, l'ayant comprise, d'agir pour que la force virtuelle qu'on admire en nous, devienne une force effective.

Nous avons, par bonheur, la possibilité de remplir des buts nouveaux et de continuer ainsi à jouer dans le monde le rôle que nous avons joué avec éclat en Europe depuis dix siècles, en même temps que nous réaliserons une œuvre plus matérielle mais non moins utile, la reconstitution de notre fortune publique et privée, l'approvisionnement de nos usines, la création de débouchés indispensables, l'augmentation de notre population, le recrutement des effectifs nécessaires pour protéger notre territoire contre tout nouvel assaut.

Il dépend de nous d'être, dans un siècle, aussi riches et aussi nombreux que les Américains.

Comment y parviendrons-nous ?

Sera-ce en poursuivant, à la même allure l'effort colonial dont nous nous sommes contentés dans le passé ? S'il a été incomparable jusqu'ici au point de vue militaire et au point de vue politique, on ne peut dire qu'il en ait été de même au point de vue économique, abstraction faite toutefois de ce qui touche l'Afrique du Nord qui ne représente d'ailleurs que la dixième partie de notre empire d'outre-mer.

Avant la guerre, sur 8 milliards d'importations en France, nos colonies, — et dans cette expression j'enferme, pour la commodité du discours, l'Afrique du Nord aussi bien que les possessions dépendant du Ministère des Colonies, — ne fournissaient à la Métropole que pour 797 millions ; la proportion est restée sensiblement la même aujourd'hui : 4 milliards et demi sur 37 milliards : j'ajoute que le commerce de nos colonies avec l'étranger n'a guère été supérieur. Ce n'est point en ne dépassant pas ces modestes proportions, que nous rivaliserons avec des colonies qui exportent pour 28 milliards comme l'Inde, 25 milliards comme le Canada, 11 milliards comme l'Australie ou 8 milliards comme l'Union Sud Africaine.

Ce n'est pas ainsi que nous permettrons à notre Métropole de se passer des approvisionnements étrangers et que nous assurerons par réciprocité la consommation des marchandises, produits métallurgiques et autres fabriqués dans nos usines de France. C'est évidemment à une autre allure, vous le reconnaîtrez, qu'il faut mener notre équipage. Comment y réussirons-nous ?

Sont-ce les colons et les capitaux qui nous font défaut, les initiatives privées qui se dérobent ?

Je n'hésite pas à dire que, dans l'état actuel de notre Empire Colonial, on ne saurait conseiller une émigration française de grande proportion vers ses divers territoires. Les émigrants nouveaux risqueraient fort d'échouer dans leurs tentatives, — (nous en avons des preuves quotidiennes), — en raison du défaut d'outillage public ou du manque d'adaptation de la main-d'œuvre indigène au travail qui serait exigé d'elle. A l'heure présente, ce ne sont pas les colons qui font défaut ; ce ne sont pas non plus, en général, les capitaux mis à leur disposition : ce sont les conditions de succès pour les uns et les autres, et ces conditions de succès dépendent avant tout d'une bonne politique indigène et de l'exécution des grands travaux publics qu'il n'appartient pas à l'initiative privée d'assumer.

Politique indigène, — par là j'entends non seulement l'attitude à adopter et la législation à appliquer pour gagner la sympathie des populations autochtones ; j'entends aussi toutes les mesures propres à augmenter la natalité ou à préserver l'enfance, à l'instruire, à donner le goût du travail aux indigènes et à en augmenter le rendement.

Outillage public, — c'est-à-dire création de ports, voies ferrées et routes, aménagement des cours d'eau, travaux d'irrigation, établissement de réseaux postal et télégraphique, œuvres d'hygiène et de salubrité.

De la Politique indigène, — mon ami, M. Baréty vous a très éloquemment parlé, il y a 15 jours ; je ne vous entretiendrai aujourd'hui que de l'outillage public faute duquel toute mise en valeur de nos colonies serait impossible, et des transports maritimes qui sont le complément indispensable de cet outillage, tout au moins si la Métropole veut tirer un profit matériel de ses possessions et être la grande France dont nous avons promis aux morts d'hier de renouveler la splendeur.

Je me propose de vous exposer successivement :

1° Les raisons principales pour lesquelles le développement de nos Colonies dépend de l'outillage public mis à leur disposition ;

2° L'œuvre entreprise jusqu'ici dans nos possessions et les principaux travaux effectués, en les comparant avec l'effort des autres puissances coloniales ;

3° Les motifs pour lesquels cette œuvre est restée incomplète, et par suite, les modifications qu'exige notre programme futur, les idées directrices dont celui-ci doit s'inspirer, et les moyens matériels permettant de le réaliser ;

4° Je vous énumérerai ensuite très rapidement les travaux les plus indispensables et les plus urgents dont l'exécution doit à tout prix avoir lieu durant les 15 ou 20 années prochaines ;

5° Enfin, — corollaire indispensable, j'examinerai les moyens dont nous avons disposé pour assurer les relations maritimes entre la Métropole et ses Colonies et les mesures à prendre pour intensifier celles-ci, de façon à favoriser à la fois notre production coloniale, la prospérité de notre industrie et de notre Commerce métropolitains et le développement de notre Marine marchande.

I

Vous démontrer que les routes, les chemins de fer, les ports, les canaux d'irrigations sont les instruments indispensables du développement d'un territoire quelconque c'est-à-dire qu'un corps a besoin d'artères et de veines, est peut-être tâche superflue.

Depuis la plus haute antiquité, la preuve en a été administrée ; les plus grands chefs d'Etat ont toujours été de grands entrepreneurs de travaux publics. La puissance de Rome, la prospérité et la longue durée de son empire résultèrent, avant tout, de sa politique économique : nul gouvernement n'a eu plus souci que le sien, de construire des routes, des canaux, des aqueducs ; on peut même penser qu'il n'a pas encore été surpassé dans les temps modernes.

Il ne me paraît pas inutile, cependant, de préciser, à l'aide de quelques chiffres, les services que rend l'outillage public, et d'indiquer la mesure dans laquelle il augmente les possibilités d'exploitation d'un pays neuf.

Le transport à dos d'hommes coûte environ 3 francs or la tonne kilomètrique ; par bête de somme, 1 fr. 50 ; par charrette de 0 fr. 75 à 1 franc, par chemin de fer, de 0,02 à 0,10 : en moyenne, avant la guerre, quatre centimes ; par bateau, un centime.

On se rend compte qu'une matière première, comme le blé, qui valait en 1914, 250 francs la tonne, ne pouvait guère supporter plus de 60 francs de transport pour atteindre les marchés consommateurs. Si donc, le producteur devait la conduire sur ce marché à dos d'homme, il était contraint de la récolter à moins de 20 kilomètres ; s'il la portait par charrette, il pouvait placer son champ à 80 kilomètres ; s'il la portait par chemin de fer à 1.500 kilomètres ; par bateau à 6.000 kilomètres. Suivant le mode de transport, l'aire d'attraction varie donc de 20 à 6.000 kilomètres. Suivant qu'une Colonie n'aura pas de chemin de fer ou en sera pourvue, cette aire passera de 1 à 150. C'est pourquoi le principal effort des Etats-Unis s'est porté sur la construction des voies ferrées et non sur celle des routes ; pourquoi ils ont constitué un réseau de chemins de fer de 400.000 kilomètres supérieur à celui de toute l'Europe et pourquoi ils se plaisent à dire que pour qu'un territoire puisse être bien exploité, il est nécessaire que ses divers points ne se trouvent pas à plus de 30 kilomètres d'une voie ferrée. Voilà pourquoi aussi ils ont des tarifs dégressifs leur permettant par exemple, de transporter, pour 40 francs or, les blés du Far West jusqu'à New York situé à 2.000 kilomètres, et de vendre ces blés en Europe alors que nous ne pouvons encore utiliser les blés du Maroc récoltés à 200 kilomètres des ports de l'Atlantique.

C'est grâce avant tout à leurs chemins de fer, on ne saurait trop le répéter, que les Etats Unis sont devenus la première nation industrielle du Monde, de même que c'est à leur flotte marchande, qui apportait à bas prix dans les Iles Britanniques les cotons de l'Inde ou de l'Egypte, la laine de l'Australie ou de l'Argentine, les Minerais d'Espagne ou d'Algérie — que les Anglais doivent le rôle économique qu'ils ont joué au milieu du siècle dernier.

Vous me permettrez d'insister, en passant, sur la supériorité de la voie ferrée. Nous avons trop négligé de nous en apercevoir, par esprit de routine et manque de réflexion. Nous sommes un peu restés dans l'état d'esprit des Romains, en oubliant que, depuis eux, étaient nés PAPIN et VAUCANSON. Que ne nous rappelons-nous pas plus souvent le précepte de Descartes : « Il « faut ôter de notre créance toutes les opinions reçues « afin d'y en remettre par après ou d'autres meilleures, « ou bien les mêmes lorsque nous les aurons ajustées au « niveau de la raison. »

La route est un instrument barbare qui n'a d'utilité que pour les faibles parcours ; son usage, au point de vue économique, est très vite prohibitif. Les Etats

Unis n'ont pas construit de routes ; ils ne s'y décident que depuis 3 ou 4 ans parce ils sont devenus très riches, et que le bas prix de revient du pétrole produit aux Etats Unis leur permet d'envisager des prix de transport sur route assez bas. Mais pendant longtemps il n'a guère existé chez eux que des chemins de fer et des pistes. Quand les riches américains voulaient faire de belles randonnées en automobile, c'est en France, en Algérie ou au Maroc qu'ils s'offraient ce plaisir. Je doute que le profit que nous en avons retiré soit comparable à celui que nous procurerait le Rail amenant dans les ports algériens les blés du Sersou ou le coton du Niger.

Au seul point de vue financier, la route n'est pas avantageuse : dans les pays exotiques, en effet, elle coûte plus cher d'entretien que la voie ferrée et, à la différence de celle-ci, elle ne procure aucune recette.

Ce que l'on peut dire des services rendus par les voies ferrées, s'applique aussi aux ports grâce auxquels l'accès des côtes est rendu possible ou plus facile, les opérations de chargement plus rapides et plus sûres.

On ne peut, non plus, trop louer les bienfaits de l'irrigation qui substitue la fécondité à la stérilité ; les barrages du Nil ont transformé l'Egypte, qui leur doit les neuf dixièmes de sa production ; les dépenses faites par l'Angleterre dans l'Inde pour irriguer certaines provinces ont créé tant de richesses, que les dîmes prélevées sur les agriculteurs bénéficiaires des eaux distribuées procurent des recettes presque égales chaque année au montant des dépenses faites.

On peut affirmer que l'exécution des travaux publics nécessaires à une Colonie accroît automatiquement sa richesse, indépendamment de tout autre facteur ; mais je n'hésite pas à dire que cette affirmation s'applique avant tout aux chemins de fer.

J'ai dressé, pour le bien démontrer, un tableau qui l'établit, à mon avis, de la façon la plus saisissante et dont vous m'excuserez de mettre pour cette raison les chiffres devant vos yeux.

Tableau comparatif des exportations
et de la longueur des réseaux

Pays	Population (1)	Superficie (2)	Exportation (3)	Voies ferrées (4)
Indes.............	320	3.885.000	28.550.000	55.000
Canada.........	7,6	9.659.000	25.000.000	49.000
Australie.......	5	7.700.000	11.800.000	34.000
Union Sud-Africaine........	7	1.225.000	8.360.000	25.000
Afrique du Nord.	13	1.140.289	2.803.000	7.244
Indo-Chine.....	13	770.000	1.478.000	2.073
Nigéria.........	17	860.000	1.176.000	1.800
A. O. F........	13	4.856.700	410.000	2.200 sans Thiesk
Soudan Anglo-Egyptien.....	3,5	2.500.000	386.000	2.400
Congo Belge....	9	2.350.000	315.000	2.029
Madagascar	3,3	582.000	108.000	619
Mozambique....	3	1.100.000	65.000	582
A. E. F........	2,8	2.255.000	31.000	0

(1) En millions d'individus.
(2) En kilomètres carrés.
(3) En milliers de francs (au cours de 80 francs par livre).
(4) En kilomètres.

Dans ce tableau ne figurent pas deux colonies très prospères et où le développement des exportations n'est pas strictement en proportion de l'importance du réseau ferré : Les Indes Néerlandaises et la Nouvelle Zélande dont les exportations atteignent respectivement 16 milliards et 4.320.000.000 pour un réseau ferré de 6.260 et 4.850 kilomètres. C'est qu'il s'agit d'îles facilement accessibles aux flottes marchandes. Ces territoires profitent donc du bas prix des frêts, plus avantageux encore que celui des chemins de fer.

En examinant attentivement ce tableau, vous serez certainement frappé du parallélisme des chiffres concernant les exportations et la longueur des réseaux ferrés, et étonnés de constater que l'étendue des territoires et le chiffre de la population ont si peu d'influence sur l'activité économique des colonies.

Mais vous serez, aussi, attristés peut-être de voir que, pour un territoire représentant le tiers du domaine colonial anglais, la France présente un réseau d'environ 13.000 kilomètres et l'Angleterre un réseau de 169.000 kilomètres (14 fois plus). Ne vous étonnez pas si en regard de ces chiffres, les exportations anglaises représentent 120 milliards (au change de 80) et les exportations françaises 3.600.000.000 (35 fois moins).

En présence de chiffres aussi démonstratifs, on a le droit, vous l'admettrez, de dire que la France serait sans excuse si elle ne faisait pas le maximum d'efforts pour outiller ses possessions.

Un capitaliste qui, pour ne pas rémunérer son banquier ou son agent de change, laisserait improductif les 19/20 de sa fortune serait traité d'insensé. Nous avons le devoir de ne pas imiter son exemple.

II

L'effort fait pour outiller nos colonies n'a pas été nul, mais il est incontestablement très insuffisant. Je n'apporte pas là seulement mon opinion personnelle : je répète, en l'atténuant peut-être, le jugement porté par le Ministre des colonies lui-même dans l'exposé des motifs de son projet de mise en valeur, dont j'aurai l'occasion de vous parler à diverses reprises, au cours de mon exposé.

Pour vous permettre de vous faire une opinion personnelle et de contrôler ma critique, j'ouvrirai, d'ailleurs, devant vous, rapidement, l'inventaire de l'outillage déjà créé tant dans les colonies qui dépendent du Ministère de la rue Odinot que dans nos possessions de l'Afrique du Nord :

Chemins de fer. — Dans l'Afrique Occidentale française, pour une superficie de 4.856.700 kilomètres carrés, nous avons construit 2.847 kilomètres de voies ferrées :

Lignes de Dakar à Saint-Louis......	262 kilomètres
» de Kayes au Niger..........	555 »
» de Thiès à Kayes (achevée tout récemment.................	667 »
Plus l'embranchement de Kaolak ...	32 »
Chemin de fer de Guinée..........,..	660 »
Chemin de fer de la Côte d'Ivoire ..	312 »
Chemins de fer du Dahomey	369 »

En Indo-Chine, pour une superficie de 709.484 kilomètres carrés, on relève 2.232 kilomètres de voies ferrées :

Hanoï-frontière chinoise	167 kilomètres
Hanoï-Vinh....................	326 »
Haïphong-Yunnanfou.............	858 »
Tourane-Dongha	174 »
Saïgon-Mytho.....	71 »
Saïgon-Nhatrang	461 »
Divers	97 »
Tramways	74 »

A Madagascar, pour une superficie de 582.180 kilomètres carrés, on a construit 619 kilomètres de voies ferrées :

Tamatave-Tananarive.............	368 kilomètres
Tananarive-Ansirabe	153 »
Tramways du lac Alaotra..........	98 »

A la Réunion, nous avons 126 kilomètres de chemins de fer, en Nouvelle Calédonie 29 kilomètres et dans l'Inde 30 kilomètres. Nous avons enfin construit la voie ferrée de Djibouti à Addis-Abeba qui a 786 kilomètres.

Au total 6.273 kilomètres, dans les possessions dépendant de M. Sarraut.

Encore dois-je faire remarquer que plus de 1.000 kilomètres sont en pays étrangers (Chine ou Ethiopie).

Dans l'Afrique du Nord, on compte : en Algérie, 3.715 kilomètres exploités et 1.820 projetés ; en Tunisie : 2.026 kilomètres dont 447 à voie normale et 1.392 à voie de 1 mètre ; au Maroc, 1.300 kilomètres de voie de 0,60 et 236 kilomètres à voie large sur 642 kilomètres projetés.

Il m'est agréable de signaler les résultats remarquables obtenus au Maroc, avec la voie de 0,60 dont on avait injustement mésestimé les avantages. Elle a, l'an dernier, transporté 170.000 tonnes de phosphates et couvert toutes ses dépenses en rendant partout les plus grands services.

Au total, pour un domaine de plus de 10 millions d'hectares, d'une superficie égale à 20 fois celle de la France, nous avons un réseau ferré de 13.517 kilomètres moins du cinquième du réseau métropolitain.

Si l'on met en regard de ces chiffres ceux du réseau ferré des colonies étrangères, il est difficile de se défendre d'un sentiment de confusion :

Le réseau indou a 55.000 kilomètres.

Dans l'Ile de Ceylan seule, dont la superficie est de 65.000 kilomètres, le réseau ferré atteint 1.146 kilomètres.

Les établissements des Détroits ont 1.611 kilomètres de voies ferrées qui réunissent Singapour à Bangkok, attirant ainsi tout le trafic Siamois vers le grand port anglais d'Extrême-Orient. Le Siam lui-même a construit un réseau de 2.150 kilomètres, presque égal à celui de notre Indo-Chine, dont la superficie atteint 720.000 kilomètres carrés.

L'Union Sud Africaine a un réseau de 25.000 kilomètres qui la relie au Congo belge et à Lorenco Marquez.

En Egypte, les Anglais ont construit 4.950 kilomètres de voies pour un territoire de 790.000 kilomètres carrés ; au Soudan égyptien, 2.400 kilomètres ; en Nigéria, 1.880 kilomètres pour 860.000 kilomètres carrés ; en Gold Coast 309 kilomètres pour 255.000 kilomètres carrés; en Sierra Léone 635 kilomètres pour 100.000 kilomètres carrés.

Le réseau néo-zélandais possède 4.850 kilomètres pour 271.000 kilomètres carrés de superficie.

L'Australie possède un réseau de 34.100 kilomètres pour une superficie de 7.700.000 kilomètres carrés.

Le Canada enfin, possède 49.500 kilomètres pour 8.311.000 kilomètres carrés de superficie.

Avant la guerre, les Allemands avaient construit dans l'Est africain 1.900 kilomètres de chemins de fer pour relier Dar es Salam au Tanganyka, et dans le Sud Ouest africain 2.300 kilomètres.

Dans la seule Ile de Java (superficie 135.000 kilomètres carrés), les Hollandais ont construit 5.000 kilomètres de voies ferrées et 1.260 à Sumatra pour 435.000 kilomètres carrés de superficie.

Les Portugais ont construit 1.300 kilomètres dans l'Angola et 582 kilomètres en Mozambique.

Au Congo belge, il existe 2.029 kilomètres de voies ferrées alors qu'au Congo français nous n'avons encore qu'un petit chemin de fer privé appartenant à une société minière.

Routes. — Notre réseau routier est beaucoup plus développé que notre réseau ferré ; il comprend :

En Indo-Chine 28.182 kilomètres de routes, dont 11.000 empierrées.

En A. O. F..............	10.000 kilomètres
En A. E. F.............	600 kilomètres de pistes
A Madagascar	2.300 kilomètres de routes.
A la Guyane ,...........	100 »
A la Guadeloupe........	1.022 »
A la Martinique.........	450 »
A la Réunion...........	519 »
Dans la Nouvelle Calédonie	413 »
Dans l'Inde	266 »

Dans ces chiffres, il n'est pas tenu compte des

pistes non empierrées qui, pendant les saisons sèches, peuvent être assez aisément parcourues par les automobiles.

Dans l'Afrique du Nord le réseau routier est également considérable, il comprend :

En Algérie 5.338 kilomètres de routes nationales et 30.000 kilomètres d'autres routes et de pistes.

En Tunisie 4.464 kilomètres.

Au Maroc 2.519 kilomètres de routes principales et 599 kilomètres de routes secondaires.

Ports. — En ce qui concerne les ports, notre situation est loin d'apparaître favorable :

En A.O.F., nous n'avons qu'un port digne de ce nom : Dakar. On y a fait des travaux assez importants mais qui ne répondent pas encore aux nécessités d'une rade qui est l'escale nécessaire entre l'Europe et l'Amérique du Sud ; aussi, beaucoup de bateaux s'arrêtent-ils à Madère ou à Ténérife plutôt qu'à Dakar.

Les ports de Saint-Louis, Rufisque, Conakry sont tout à fait insuffisants.

A Grand Bassam, débouché d'une colonie appelée à une grande prospérité, nous avons seulement un warf qui permet de charger 4 à 500 tonnes par jour, quand l'état de la barre s'y prête.

A Saïgon, cinquième port français (avant Bordeaux), par l'importance de son tonnage annuel qui dépasse 2.500.000 tonnes, nous pouvons faire face à peu près aux nécessités actuelles, mais non aux besoins de demain ; il en est de même dans le port du Tonkin : Haïphong.

A Madagascar, le port de Tamatave est souvent inaccessible quand la mer est houleuse ; aussi les navires y viennent-ils avec peu d'empressement, et les colons se plaignent-ils amèrement de perdre sur quai une partie de leurs produits faute de moyens d'évacuer.

Dans la rade de Papeete, où l'on pourrait créer un magnifique port, sûr d'être très fréquenté, il existe seulement deux appontements en bois dont l'un est public (183 mètres) et l'autre privé.

A Cayenne, tout est à faire.

La rade de Nouméa, qui est d'un accès facile et parfaitement abritée, pourrait attirer les bateaux si elle était mieux outillée. Et voilà pourtant deux colonies où les travaux sont forcés !

A Pondichéry existe seulement un pier de 334 mètres.

A Fort de France et à la Pointe à Pitre, nous avons deux belles rades, mais un outillage tout à fait incomplet.

L'Afrique du Nord est heureusement mieux outillée : Alger, Oran, Tunis et Bizerte sont de beaux ports, mais qui deviennent cependant insuffisants pour le trafic actuel ; des projets d'agrandissement sont d'ailleurs en voie de réalisation.

Les ports secondaires : Bône, Philippeville, etc... rendent des services.

Au Maroc, le Maréchal Lyautey, malgré de nombreuses résistances et des attaques véhémentes, s'est attaché à réaliser dès le début de l'occupation française un grand port moderne, Casablanca, sans préjudice des ports secondaires de Rabat, Salé, Médhia.

En ce qui touche à l'aménagement des fleuves et des rivières qui pourrait fournir dans nos Colonies un réseau immense de voies de transport, les mêmes critiques se pressent sur les lèvres. Moyennant un sacrifice financier relativement minime, on créerait dans nos colonies un réseau fluvial de 15 à 20.000 kilomètres grâce aux grands fleuves comme le Congo ou ses affluents, à l'Ogoué, au Niger, au Sénégal, au Mékong, aux lagunes d'Afrique ou de Madagascar, aux canaux d'Indo-Chine.

Dans nos diverses possessions, enfin, aucun effort sérieux pour l'irrigation n'a encore été fait, sauf en Indo-Chine, où, d'ailleurs, la culture du riz rendait cet effort particulièrement nécessaire.

Un programme établi en 1902 a permis dans notre belle colonie d'Extrême-Orient de mettre en culture 114.000 hectares. « Une dépense de 3.400.000 Frs. a procuré aux cultivateurs du pays, dit M. Sarraut, un profit annuel de 23 millions. »

Dans un récent rapport publié par le Bulletin Permanent du Congrès de l'Outillage Colonial de Décembre 1923, M. Constantin, Inspecteur Général des Travaux Publics en Indo-Chine, signale qu'un barrage qui a coûté 672.000 piastres, rapporte annuellement un bénéfice de 300.000 piastres et deux autres barrages ayant couté 67.000 piastres en rapportent 360.000.

Il cite qu'une superficie de 124.000 hectares a été gagnée à la culture moyennant 1.600.000 piastres, représentant un bénéfice annuel de 7.440.000 piastres. Et l'on hésite devant des dépenses si rémunératrices !

Un nouveau programme a été cependant établi en 1922 pour l'Indo-Chine ; il prévoit une dépense de 19 millions pour livrer à la culture 450.000 hectares. Il est sur le point d'être terminé.

On peut supposer que son exécution explique la prospérité croissante de notre Colonie d'Extrême Orient.

A Madagascar, depuis 1909, des travaux de même genre ont été entrepris mais dans des proportions beaucoup plus modestes : il s'agit seulement de quelques milliers d'hectares.

En A.O.F., on n'a encore procédé qu'à des études.

La mission Younes (1913-1918) et la Mission Bélime (1919-1920) ont fait une longue enquête concernant les possibilités d'aménagement des vallées du Haut Sénégal et du Niger.

Si l'on songe que la surface couverte par les débordements du Niger est considérée comme quatre fois supérieure à celle que couvrent les débordements du Nil, on regrette que ce programme n'ait pas encore reçu un commencement d'exécution et ne nous ait pas permis de tirer profit des trésors que la nature a mis à notre portée dans notre colonie du Soudan.

M. Brenier nous a dit le mois dernier qu'il ne fallait pas trop escompter ces trésors parce que les rives du Niger étaient peu peuplées. Il me permettra de lui rappeler que la Boucle du Niger renferme le territoire de l'Afrique Française où la population est la plus dense : le Mossi où l'on trouve par endroits plus de 70 habitants au kilomètre carré.

L'ingénieur Bélime propose de construire dans le Delta du Niger 3 grands canaux :

Le canal de Ségou qui permettrait d'irriguer 750.000 hectares ;

Celui de Nyanina qui irriguerait 250.000 hectares ;

Et celui du Sansanding qui en irriguerait 200.000.

Le premier canal qui a seul fait l'objet d'un avant-projet coûterait 262 millions . « grâce à lui seul, dit M. Sarraut, le Soudan pourrait nous fournir 100.000 tonnes de coton par an. »

Quand on constate les profits énormes et certains que procurent les travaux d'irrigation, on a le droit de s'attrister qu'on n'ait jusqu'ici consacré dans nos Colonies qu'une trentaine de millions à ces travaux.

Je ne parlerai pas, pour ne pas allonger davantage mon exposé, des travaux d'édilité, du réseau postal et télégraphique de nos Colonies ni de l'organisation de la T. S. F.

En ce qui touche cette dernière, il faut reconnaître, cependant, que nous ne somme pas en état d'infériorité vis à vis des autres puissances coloniales. Les journaux ont annoncé ces jours-ci la mise en fonctionnement d'un poste de T. S. F. reliant directement la France à Saïgon. Ce poste a affranchi nos communications télégraphiques de l'état de servitude dans lequel elles se trouvaient depuis longtemps à l'égard des gouvernements étrangers.

Par contre, pour la voirie urbaine, l'outillage hygiénique et l'assainissement des villes, nous sommes encore très loin des Anglais et des Hollandais, et les travaux faits sont tout à fait rudimentaires.

III

Les indications sommaires que je viens de vous donner et la rapide comparaison que j'ai faite entre l'outillage public de nos Colonies et celui des colonies étrangères vous auront convaincus, je pense, de notre regrettable infériorité.

Comment peut-on expliquer que nous nous soyons ainsi laissés dépasser, et qu'ayant constitué un empire colonial considérable, nous ne nous soyons pas efforcés de l'outiller en vue d'en tirer les résultats écono-

miques qu'il pouvait procurer et les approvisionnements dont notre Métropole avait besoin, ce qui eût
permis, en même temps, d'assurer à l'industrie et au
commerce Français des débouchés considérables ?

Cette situation tient en grande partie à l'ignorance
et à l'indifférence de notre opinion publique qui a
trouvé un reflet inévitable dans celles des Pouvoirs
Publics.

Les élus sont plus disposés, à l'heure actuelle encore,
à prendre des mesures de coercition ou de protection
contre nos Colonies qu'à favoriser leur essor, ce qui
serait cependant la meilleure méthode pour faciliter
leurs transactions avec la Métropole.

Nous avons la preuve de cet état d'esprit dans l'attitude adoptée par le Parlement à l'égard du projet de
mise en valeur dans lequel M. SARRAUT, Ministre des
Colonies, a résumé tous les désiderata exprimés par
les représentants et les colons de notre empire d'outre-
mer, et les a commentés en un tableau saisissant par
son éloquence et par sa clarté. Ce projet de loi, qui a
été déposé devant la Chambre des Députés il y a deux
ans, ne réclamait cependant au Parlement qu'une approbation platonique, puisqu'il ne s'agissait pas encore
des voies et moyens permettant de réaliser le programme proposé. En dépit de cette discrétion, il n'est
pas encore venu en discussion et il est à craindre que
ce remarquable monument prenne bientôt figure de
monument funéraire.

Pour que l'indifférence métropolitaine n'empê-
chât pas la constitution de notre outillage colonial,
il aurait fallu que nos diverses possessions fussent
douées d'une autonomie financière complète et pussent
faire appel au crédit sans autorisation de la Métro-

pole ; mais elle n'avaient pas le droit de le faire ; ce n'est donc qu'au compte-gouttes que leur ont été fournies les autorisations d'emprunts qu'elles sollicitaient.

Si l'on jette les yeux sur les chiffres auxquels se montent les emprunts de nos Colonies depuis le début de leur naissance, on est surpris de leur modicité. Si l'on cherche la part consacrée à la mise en valeur dans ces divers emprunts, on constate, en effet, qu'elle ne dépasse guère deux milliards.

En dehors des emprunts, les budgets annuels des travaux publics dans les Colonies qui dépendent de la rue Oudinot ne s'élèvent qu'à 332 millions 1/2 ; encore, dans ce chiffre, l'Indo-Chine figure-t-elle pour 143 millions.

La crainte de voir leurs demandes d'emprunts mal accueillies au Parlement pousse nos Gouverneurs à thésauriser, afin d'être en état de parer aux conséquences d'une crise qui mettrait passagèrement leur budget en déficit ; aussi, le montant de leurs caisses de réserves s'élève-t-il, pour les seules Colonies qu'administre M. Sarraut, à la somme de 349.261.767 francs c'est-à-dire qu'il est presque égal à la moitié de leur dette ; dans ce chiffre, l'Indo-Chine entre pour 248 millions !

Quand on compare cette situation avec celle des autres puissances coloniales, on est frappé de la différence prodigieuse existant entre les conceptions qui nous guident et celles qui les inspirent. Les dettes des Colonies anglaises s'élèvent à 58 milliards de francs au pair, soit environ 200 milliards si on les chiffre en francs papier.

Les dettes des Dominions, par exemple, atteignent les chiffres suivants (toujours en francs au pair) :

Indes	14.029.841.464
Union Sud africaine	4.193.329.400
Canada	14.414.354.154
Australie	17.850.301.584
Nouvelle Zélande	4.440.643.267

Quand un besoin pressant se manifeste, quand, par exemple il faut approvisionner en coton les industriels du Lancashire, — les industries textiles françaises, sont pressées par un besoin non moins aigu, car elles ne peuvent compter ni sur le coton de l'Inde ni sur celui de l'Egypte, — le Gouvernement britannique n'hésite pas à décider un emprunt de 100 millions en faveur du Soudan Anglo-Egyptien qui peut ainsi construire le chemin de fer de Kassala et exécuter des travaux d'irrigation grâce auxquels d'immenses superficies pourront être utilisées pour la culture du coton.

La petite Belgique imite cet exemple pour son Congo ; elle a déjà emprunté 425 millions et ne compte pas s'arrêter dans cette voie ; conséquence : cette colonie entre dans une période de prospérité remarquable. Sa balance commerciale est de 300 millions ; les capitaux et les colons y affluent. Au commerce s'ajoute l'agriculture ; une industrie minière pleine de promesses prend son essor et les autres industries elles-mêmes commencent à s'installer de toutes parts.

A côté d'elle, notre Afrique Equatoriale végète et meurt ; elle n'a pas de chemins de fer ; son budget est en déficit ; toutes les entreprises de cultures ont disparu ; elle ne prolonge ses jours qu'en épuisant graduellement ses ressources naturelles : ivoire, caoutchouc, bois.

Je n'irai pas jusqu'à dire que la France doit accomplir à l'heure actuelle pour ses colonies et malgré les difficultés financières au milieu desquelles elle se débat, un effort qui la mette au même plan que l'Angleterre, ce qui exigerait de sa part, en tenant compte des proportions de son Empire et en admettant que l'Angleterre ne continue pas son effort, un engagement de plus de 60 milliards ; par contre j'estime que cet effort devrait comporter une dépense minima de 12 à 15 milliards.

L'exécution du programme correspondant à cette dépense nous empêcherait de subir les reproches des grandes nations qui sont prêtes à nous juger sévèrement si nous n'essayons pas d'imiter l'exemple qu'elles nous ont donné jusqu'ici. Elle nous permettrait de décupler la valeur de notre empire, de quintupler, au moins, l'importance de nos exportations, d'approvisionner ainsi la Métropole en produits alimentaires et en matières nécessaires à l'industrie, tout en faisant à l'étranger des livraisons dont la valeur couvrirait une partie de nos dettes de guerre. Ce n'est pas là un résultat médiocre, et je doute que les dépenses de même importance que l'on est disposé à faire pour l'outillage public dans la Métropole soient productives d'avantages comparables !

Comment, dira-t-on, la France pourrait-elle engager une dépense de 12 à 15 milliards dans l'état actuel de ses finances ?

Je dois faire observer, tout d'abord, que cette dépense ne saurait être effectuée en une année, mais en 15, ce qui limiterait à un milliard de francs papier environ, ou 250 millions de francs or, l'effort que nous nous imposerions annuellement.

N'avons-nous pas trouvé, en 5 ans, plus de 50 milliards pour la reconstitution des Régions Libérées ? — Ne sommes-nous pas décidés à dépenser une somme de 8 milliards encore, environ, pour développer l'aménagement des forces hydrauliques de la Métropole : 5 milliards pour les forces du Rhône, 3, 5, pour le plan Le Trocquer, 1.200 millions pour l'électrification des campagnes !

Et puis, la charge de ces dépenses ne serait, pour la plupart des travaux projetés, supportée par la Métropole qu'à défaut de ressources locales suffisantes.

En admettant que, pendant 2 ou 3 ans, la garantie de l'Etat doive jouer, — ce qui ne s'est jamais produit jusqu'ici pour les emprunts existants, (sauf en A. E. F.) cette aide serait toute momentanée, et le remboursement de l'avance faite ne peut faire de doute. Ce n'est donc pas d'une mise de fonds définitive qu'il s'agit, comme dans la Métropole, mais d'une avance à court terme.

Ce n'est pas non plus un capital que nos Colonies réclament à l'Etat, mais une simple garantie. Les capitaux privés, français ou étrangers, encouragés par cette garantie, afflueront pour une œuvre aussi productive de richesse, le jour où on les sollicitera.

M. Sarraut avait eu l'idée ingénieuse de créer, pour réaliser son grand programme de travaux publics, un organisme semblable au Crédit National, qui fournit, vous le savez, les capitaux employés à la reconstitution des Régions. Il a dû renoncer à ce projet sous la pression, sans doute, de ses collègues qui craignaient que cette institution ne détournât les capitaux français qui obvient actuellement à la carence allemande. A défaut de cette solution, il en est d'autres qui pourraient aisément être trouvées, dans un plan parallèle, sous une forme permettant, comme je viens de l'indiquer, de faire appel à l'initiative privée, à la contribution de l'Allemagne et à celle de nos Alliés. Je ne peux, faute de temps, vous donner à cet égard, que cette brève indication.

Puisque les circonstances nous obligent à réduire le programme de mise en valeur qu'il conviendrait d'exécuter pour suivre les traces de l'Angleterre et donner à notre empire son plein essor, puisque nous sommes obligés de faire une discrimination entre les travaux à exécuter, il convient de savoir quelles sont les règles qui doivent présider à cette discrimination.

M. Sarraut propose de prendre comme base de son programme une division méthodique du travail économique dans nos diverses possessions : « que chacun « ait sa tâche, son lot de créations, sa fourniture, sa « commande ». Cela revient à dire que nous devons demander à nos diverses possessions les produits, les plus indispensables à notre approvisionnement métropolitain ; c'est-à-dire, par ordre d'importance : le coton, la laine, les céréales, la soie, les bois, les oléagineux, le café, les minerais, en tenant compte des capacités de chacune à produire telle ou telle de ces matières premières, et réaliser à cet effet l'outillage qui leur facilitera le plus l'accroissement de ces productions.

Je souscris volontiers à ce programme ; toutefois, il me semble utile que l'on ne tienne pas compte uniquement des considérations économiques, mais que l'on s'inquiète aussi des considérations politiques ou militaires qui doivent entrer en balance pour le choix des travaux les plus urgents et les plus utiles.

IV

Le temps me manque pour passer en revue en détail, en m'inspirant des principes que je viens d'indiquer, les grands travaux dont l'exécution est indispensable sans délai. Vous en trouverez partiellement l'énumération dans le Rapport Sarraut, auquel je ne ferai que le reproche d'être un peu trop limité.

C'est au développement de notre réseau ferré que nous devons, à mon avis, consacrer notre plus énergique effort.

Etant donné la nécessité qui s'impose de tenir compte des besoins politiques et militaires autant que des besoins économiques de la mère Patrie, je n'hésite pas à réclamer tout d'abord l'exécution du Chemin de Fer Transsaharien.

Si les protagonistes du Chemin de Fer Transsaharien avaient pu faire prévaloir leurs idées avant la guerre, nous nous serions épargné bien des difficultés et nous aurions économisé de 10 à 15 milliards, c'est-à-dire 40 à 50 fois ce qu'eût coûté jadis la construction de cette voie ferrée.

Si tant d'importance s'attache à cette œuvre trop longtemps retardée, c'est d'abord pour les raisons militaires dont tout le monde reconnaît aujourd'hui l'indiscutable portée. Mais c'est aussi pour des raisons d'ordre politique et économique.

La puissance, le prestige et la richesse de la France dépendent désormais de la formation du bloc franco-africain. Or, le groupe africain qui fait partie de ce bloc magnifique n'aura de solidité que lorsqu'il prendra figure d'être vertébré, lorsqu'il sera muni de la charpente métallique qui assurera la liaison rapide et facile entre toutes ses parties et toutes ses populations. Faute de cette charpente et de cette liaison, des troubles, des désordres, des malentendus peut-être graves sont à redouter. Je ne veux pas en dire plus.

Et puis, si nous voulons approvisionner la Métropole des matières premières qui lui font défaut et qu'elle continue à acheter à l'étranger à concurrence de 28 millards par an, c'est à l'Afrique que nous devons avant tout nous adresser — parce qu'elle est près de nous et que son territoire est, pour ainsi dire, la prolongation de celui de la Métropole. Le grenier de ces matières premières se trouve sur les bords du Niger et pas ailleurs, et pour atteindre les bords du Niger, sans s'exposer à des frais de transport prohibitifs, il n'y a qu'une voie : la voie large transsaharienne.

Qu'on n'argue pas que cette voie n'aura pas de trafic, — parce que le désert est aride. M. Berthelot a déjà répondu à cette objection : « On traverse le désert, comme on traverse la mer, et le commerce s'établit de l'une à l'autre rive. Les paquebots qui vont du Havre à New York ne comptent pas sur le poisson qu'ils pêcheront en route pour couvrir leurs frais de voyage. » Les lignes lucratives ne sont pas celles qui décrochent dans toutes les gares des wagons pleins qu'elles doivent remplacer par des wagons vides, mais celles qui transportent de bout en bout des trains complets.

Grâce au Conseil Supérieur de la Défense Nationale, la réalisation du Transsaharien est en bonne voie. Le Parlement ne saurait trop se hâter de voter le projet qui va lui être soumis, car l'exécution de cette ligne de 3.200 kilomètres demandera 8 ou 10 ans. Il ne faut pas qu'on ait encore à regretter son absence, si la nécessité de son emploi prenait un caractère impérieux.

En Afrique Occidentale, l'achèvement d'autres lignes s'impose, notamment celle de la Côte d'Ivoire, de Bouaké jusqu'à Bobo-Dioulasso et Ouagadougou (800 kilomètres). Au Cameroun, le chemin de fer allemand doit être prolongé jusqu'au Tchad.

En Indo-Chine, il faut terminer le Transindochinois (830 kilomètres), relier la Côte d'Annam au Laos (187 kilomètres) et Saïgon à la frontière du Siam (325 kilomètres.)

En Algérie, il serait à souhaiter qu'on construisît des lignes ferrées hors des circonscriptions électorales, c'est-à-dire pour desservir les régions intérieures trop abandonnées au profit des régions côtières.

L'exécution rapide du réseau marocain approuvé par les Chambres s'impose : grâce à lui, le Protectorat sortira brillamment de la crise qu'il traverse : le réseau déjà approuvé sera à compléter par une voie ferrée reliant, par la vallée de la Moulouya, Khenitra ou le port de Tanger au futur chemin de fer Transsaharien.

En ce qui concerne les travaux maritimes, je signalerai comme particulièrement importants et urgents, l'extension du Port de Dakar, l'amélioration des warfs de Grand Bassam et de Cotonou, celle du port de Port-Gentil en Afrique Equatoriale et de Douala au Cameroun, l'aménagement, en Indo-Chine, des ports de Saïgon, de Cholon et de Haïphong, du port de Tourane et de celui de Kouang Tchéou Wan.

A Madagascar, il faut construire le port de Tamatave, améliorer ceux de Majunga, Diégo Suarès et Tulléar ; à Djibouti, il faut créer un port d'escale. Dans l'Inde, améliorer les ports de Pondichéry et Karikal ; à Saint-Pierre et Miquelon, aménager le port de Saint-Pierre ;

à la Martinique améliorer l'outillage du port de Fort de France, et à la Guadeloupe, réaliser l'extension du port de Pointe à Pitre ; il faut de même améliorer les ports de Nouméa et de Papeete.

En Afrique du Nord, c'est sur Tunis, Alger, Oran et Casablanca que doivent se porter les principaux efforts, sans qu'on se désintéresse toutefois des petits ports qui, se trouvant au terminus des voies qui desservent des régions minières (phosphates et minerais de fer), ont à assurer l'évacuation de tonnages considérables.

Les travaux d'irrigation présentent plus particulièrement de l'intérêt en Indo-Chine et dans la vallée du Niger. On ne saurait les entreprendre avec trop d'activité, — le résultat bénéficiaire étant d'une absolue certitude.

Il est à souhaiter qu'en Afrique du Nord, où l'insuffisance des pluies rend l'irrigation essentiellement utile, on réalise avec plus d'empressement que par le passé le programme dont l'étude longtemps retardée paraît aujourd'hui au point.

V

Créer dans nos colonies un outillage qui permette l'exploitation de leurs ressources est, — j'espère vous l'avoir démontré, — une œuvre indispensable et qu'on ne saurait entreprendre avec trop de hâte et trop d'énergie.

Mais il ne suffit pas que les produits de nos possessions affluent dans leurs ports pour qu'elles s'enrichissent et surtout pour que notre Métropole soit approvisionnée des matières premières qui lui font défaut.

Ces matières premières, il faut les amener dans les centres de consommation métropolitains plutôt que les envoyer vers d'autres destinations. Il faut, à cet effet, assurer leur transport par la voie maritime dans des conditions qui soient aussi favorables que celles dont profitent les importations venues d'autres pays.

Faute de relations maritimes, notre production coloniale serait vite paralysée, car elle ne peut être utilisée par les consommateurs indigènes et locaux. Notre essor colonial dépend donc étroitement de l'activité des relations maritimes entre nos possessions et la Métropole.

Il faut reconnaître qu'avant la guerre, ces relations ont été fort imparfaites ; encore avons-nous dû recourir pour une large part aux navires ne battant pas pavillon français.

Sur 13 millions de tonnes exportées de nos colonies, 10 millions de tonnes étaient confiées à des bateaux étrangers.

Pour les exportations de France dans nos colonies, la proportion de tonnage confiée à des bateaux français était de 2 millions de tonnes contre 4 millions.

On ne peut s'étonner qu'il en ait été ainsi, si l'on se rappelle que notre flotte marchande était insuffisante pour assurer nos transports par eau.

Sur 40 millions de tonnes importées en France, ou qui en étaient exportées, 12 millions seulement étaient chargées sur bateaux français.

Les navires français n'étant pas capables de prendre tout le frêt français préféraient choisir celui qui était pour eux le plus avantageux, c'est-à-dire celui qui rapportait le plus et qui coûtait le moins cher à enlever parce qu'il était recueilli dans des ports bien outillés.

Nos colonies ayant surtout à exporter des matières

premières ne pouvaient payer des taux de frêt égaux à ceux que peuvent supporter les marchandises manufacturées et l'on ne chargeait pas si aisément à Grand Bassam ou à Kotonou qu'à Buenos-Ayres ou Singapour. Ainsi, les bois restaient dans nos rades du Gabon on de la Guyane, le manioc dans les ports de Madagascar, le jute dans les ports de l'Inde, — et parfois le vin et les céréales dans nos ports d'Algérie, — en attendant le bon plaisir d'un cargo allemand ou anglais qui les embarquait, non à destination du Havre ou de Marseille, mais de Rotterdam, Hambourg ou Liverpool.

Cette situation ne s'est guère améliorée depuis la guerre : Les colons du Gabon, de Madagascar de l'Inde et de la Guyane se plaignent autant que jadis. La flotte française a pourtant beaucoup augmenté : De 2 millions de tonneaux, elle est passée à 3 1/2. Mais une partie de cette flotte est désarmée parce que les armateurs ne peuvent concurrencer les bas frêts des navires étrangers qui, étant actuellement en surnombre, acceptent les taux les plus bas et peuvent plus aisément les consentir en raison des conditions plus favorables dans lesquelles ils se trouvent.

Les Anglais, les Américains, les Japonais, ne payent pas le charbon ou le mazout aussi cher que nous. Ils n'ont pas non plus la journée de 8 heures ni les lourdes charges qu'entraîne notre législation maritime.

C'est une situation grave et qu'il faut modifier à tout prix : nous ne devons pas être à la merci des armateurs étrangers ; nous ne devons pas être exposés à voir toute notre production coloniale immobilisée parce que les bateaux anglais, hollandais ou norvégiens cesseraient, pour un motif quelconque, d'assurer son transport.

Pouvons-nous nous en remettre à la seule bonne volonté des compagnies de navigation françaises, leur demander d'accorder la préférence à nos possessions au détriment des intérêts de leurs actionnaires, et de consentir des taux de frêts très bas et déficitaires pour elles, à seule fin de faciliter l'écoulement de nos produits exotiques, par patriotisme et par dévouement à la chose publique ? Cela ne paraît guère possible.

Un tel sacrifice ne peut être demandé que si les Pouvoirs publics comblent le déficit en considération de l'intérêt national.

Nous avions avant la guerre, sur mer, deux concurrents redoutables : l'Angleterre et l'Allemagne. Pour ces deux pays, le développement de leur flotte marchande avait un intérêt vital au point de vue politique comme au point de vue économique. Il fallait en effet à l'Angleterre une flotte souveraine sur les mers pour assurer une liaison inébranlable entre le cerveau et les membres épars du corps britannique ; il fallait à l'Allemagne une flotte importante pour ramasser les matières premières, sans lesquelles ses usines eussent été paralysées et pour faciliter des débouchés commerciaux dont dépendait sa prospérité.

Pour maintenir et développer leur flotte l'Angleterre et l'Allemagne étaient prêtes à employer tous les moyens et les ont en effet employés. Comment, livrées à elles-mêmes ou dotées de faibles subventions, mal conçues et mal établies, nos compagnies françaises auraient-elles pu supporter avec succès cette redoutable concurrence ? Elles l'ont mal supporté en fait ; leur situation était loin d'être brillante en 1914, bien qu'elles n'aient, ainsi que je l'indiquais tout à l'heure, contribué que pour une faible part à la liaison entre la Métropole et ses colonies.

Il est indispensable que, dans l'avenir, cette situation soit modifiée et je ne crois pas que, pendant un certain nombre d'années, on puisse atteindre ce résultat sans une intervention financière du Gouvernement ; on ne peut espérer, en effet, que dans un délai très court les conditions des transports entre la Métropole et les colonies s'améliorent de façon à permettre aux compagnies de se passer de cette intervention. On ne peut changer du jour au lendemain la nature du frêt colonial ni les conditions des chargements dans les ports coloniaux.

Sans être étatiste, on est bien obligé de reconnaître que l'organisation complexe des sociétés modernes ne permet plus de restreindre la fonction de l'Etat à celles de juge et de gendarme, et qu'il est des services publics dont la création s'impose, ce qui ne veut point dire que ces services doivent être gérés et administrés par l'Etat lui-même, mais seulement qu'ils doivent obéir à des préoccupations d'intérêt général, — fût-ce au détriment de l'intérêt privé qui, quoiqu'on dise, n'est pas toujours exactement parallèle à l'intérêt général.

En matière de transport, il en est ainsi : de plus en plus, les chemins de fer dans les Etats civilisés échappent aux impulsions des particuliers pour servir seulement les intérêts de la collectivité. Ce qui a été jugé nécessaire sur terre, le sera bientôt pour nos lignes de navigation, car, sur terre comme sur mer, la vie économique ne peut être à la merci des transporteurs, et l'on ne peut, d'autre part, exiger d'une compagnie de navigation qu'elle assure un service déficitaire, pas plus que d'une compagnie de chemin de fer, si on ne les dédommage pas de leurs pertes.

Il y aurait beaucoup à dire encore sur nos relations maritimes avec nos colonies et sur notre flotte coloniale.

Mais j'ai déjà trop abusé de votre patiente attention. Je dois conclure.

*
* *

J'ai essayé, Messieurs, d'appeler votre attention sur l'évolution qui se prépare dans le Monde, sur la place qu'y tiendront à l'avenir les Continents et les Peuples qui sommeillaient depuis plusieurs siècles et qu'a réveillés leur récente croisade en Europe, sur le rôle de la France en cette résurrection mondiale.

Je crois qu'il est souhaitable pour les peuples renaissants, que notre pays soit au premier plan sur le théâtre agrandi de l'humanité ; mais il est indispensable aussi, pour nous, que nous fassions grande figure dans cette formidable épopée.

Cette perspective nous est permise, grâce à notre vaste empire d'outre-mer, à ses 10 millions de kilomètres carrés, à ses 53 millions de sujets, — grâce aussi au tempérament de colonisateurs que l'on veut bien aujourd'hui nous reconnaître. Il nous suffit de comprendre la tâche urgente de mise en valeur qui nous incombe, et la nécessité, pour la réaliser, de disposer d'un grand outillage public ; l'ayant compris, il nous faut mettre en œuvre les moyens financiers que comporte l'exécution d'un vaste programme.

Nous avons, je le répète, — trouvé 50 milliards en 4 ans, pour la reconstitution de nos Régions Libérées. C'était là, dira-t-on, une œuvre sacrée à laquelle nous ne pouvions nous dérober. Nul ne le conteste. Mais n'est-ce pas, aussi, une œuvre sacrée que la conservation et le développement de l'admirable patrimoine dont nous ont doté la clairvoyance de quelques-uns et le génie instinctif de toute la nation ; n'est-ce pas accomplir une œuvre sacrée que de permettre à notre industrie et à notre commerce de continuer à vivre et à étendre leur activité en leur fournissant les matières premières sans lesquelles ils périraient d'inanition et les débouchés nouveaux à défaut desquels ils mourraient de congestion, — n'est-ce pas accomplir une œuvre sacrée que de poursuivre la mission civilisatrice que nous avons remplie depuis des siècles, que d'apporter à des populations misérables le bien être et la culture intellectuelle et morale qui, sous notre impulsion, suivra le progrès matériel mais ne peut le précéder ?

N'est-ce pas accomplir une œuvre sacrée que de construire une France nouvelle, non pas amoindrie par le discrédit qui résulterait de son inertie au-delà des mers et de la désaffection des populations qui auraient fait confiance à son prestige, mais agrandie par l'appoint des énergies et du travail de ces populations, émancipée de la routine et des préoccupations mesquines qui affaiblissent les petits peuples étouffés dans des frontières trop rapprochées, revivifiée par la contemplation des vastes horizons et le contact d'intelligences jeunes et fraîches, — plus capable ainsi de consacrer largement les ressources de son cerveau et de son cœur au progrès rapide de l'humanité ?

Messieurs, si j'ai mêlé un peu de poudre, comme on faisait jadis pour entraîner les combattants, au vin que je vous ai versé, je n'en ai point trop de remords. Une conférence n'est pas seulement faite pour l'enseignement : elle doit susciter l'action et pour agir bien et fort, il faut connaître la vérité. *Veritas odium parit, obsequium amicos,* dit Térence. Je n'ai pas peur de votre sévérité, et je compte sur votre patriotisme ; si vous pensez qu'il est insensé de laisser en jachères les 19/20èmes de notre patrimoine national, et de ne pas faire le maximum de sacrifices pour réaliser enfin la grande France dont les vastes fondations sont déjà posées et dont le sang de nos soldats a déjà fécondé les sillons, dites-le autour de vous avec l'autorité que donne l'intelligence, le savoir et l'amour de la patrie : vous ferez, je vous l'assure, œuvre de bons citoyens.

DISCOURS DE M. L'AMIRAL LACAZE

Mesdames, Messieurs,

Il m'est très agréable d'user de la prérogative présidentielle pour remercier, au nom de tous, M. du Vivier de Streel de la très intéressante conférence que vous venez d'entendre. J'y ai, pour ma part, appris beaucoup de choses, dont j'avais le sentiment vague, un peu confus ; mais ce sentiment prend aujourd'hui une telle force à mes yeux, après les précisions qui viennent de nous être données, que je ne suis pas surpris de n'avoir pas cessé, depuis la guerre dernière, de répéter combien il était déplorable de voir abandonner notre domaine colonial, dont nous avons senti, au cours de la guerre et depuis la guerre, la nécessité pour la vie nationale.

Pendant la guerre, peu de personnes se sont rendu compte du rôle que notre marine — notre marine, d'une façon générale, car je ne veux pas séparer la marine marchande de la marine militaire ; elles doivent être étroitement unies et il faut se convaincre de cette nécessité que partout où va le pavillon de commerce, doit le suivre le pavillon de guerre parce qu'il est absolument nécessaire, pour que le premier fasse œuvre utile, qu'il soit protégé — Pendant la guerre, dis-je peu de personnes se sont rendu compte du rôle que notre marine a joué ; c'est par millions de tonnes, chaque mois, que nous étions obligés d'introduire ce qui était nécessaire à la vie du pays, à la vie de nos armées, à leurs combats.

Beaucoup de personnes ne s'en doutent pas ; je vais même plus loin : beaucoup de militaires ne l'ont pas soupçonné, et, s'ils ne l'ont pas soupçonné, c'était un peu voulu de la part des marins. Nous avons eu une consigne qui a été — on me l'a quelquefois reproché — peut-être un peu trop strictement exécutée, et qui a consisté à ne jamais faire part à nos camarades de l'armée, des difficultés que nous éprouvions à leur fournir tout ce qu'ils nous demandaient. Nous avons tenu, pour que leur esprit fût plus libre, exempt de tout souci, à ce qu'ils ne participassent pas aux angoisses — je dis le mot en le pensant profondément — que nous avons éprouvées, nous tous qui avons été chargés de donner à la guerre ce qui lui était nécessaire, angoisses qui nous ont étreints à certains moments, lorsque nous avons cru que nous n'y parviendrions peut-être pas complètement.

Nos colonies nous ont fourni beaucoup de choses, non seulement des hommes, mais des approvisionnements de toutes sortes ; pas assez cependant, et ce que nous voyons en ce moment éclaire d'une façon saisissante tout ce que nous venons d'entendre dire tout à l'heure : Nous ne serions pas dans la situation difficile d'aujourd'hui si nos colonies avaient été outillées avant la guerre de façon à nous fournir tout ce qui nous est nécessaire ou à nous fournir, pour ce qu'elles ne pouvaient pas nous donner, les objets de remplacement qui nous permettent d'aller chercher ailleurs ceux que nous avons en vue et de les échanger.

Quand M. du Vivier de Streel vous disait tout à l'heure que l'outillage de nos colonies est extrêmement urgent, parce qu'il est indispensable de les outiller pour pouvoir les mettre en état de production, il a ajouté qu'il était non moins utile, une fois tout arrivé au port d'embarquement, de l'autre côté de l'Océan, de transporter les produits chez nous, et ceci est la question de la marine marchande, qui est une des plus graves de l'heure actuelle.

La marine marchande se meurt, et elle mourra fatalement, si, comme vous l'avez dit, M. du Vivier de Streel, on ne comprend pas que la marine marchande est un outil national dont il est indispensable qu'au besoin, le Pays porte la charge, car, sans cet outil, le Pays lui-même mourra. La marine marchande doit donc être développée parallèlement à l'outillage qui permettra à nos colonies de produire ce qui nous est nécessaire et que nous ne trouvons plus en quantité suffisante dans notre vieux sol.

Je vous dirai enfin qu'il ne faut pas séparer la marine marchande de la marine de guerre. On s'est désintéressé de la marine de guerre ; on s'en désintéresse beaucoup trop à l'heure actuelle. Une fois qu'on aura chargé les bateaux dans les ports de l'autre côté de l'Océan, il faudra leur faire traverser la mer. Vous savez ce qu'ont été ces traversées durant la dernière guerre, alors que nous avions affaire à une puissance dont les flottes de haute mer étaient enfermées dans les ports et qui n'a pu affecter qu'une faible partie de sa puissance militaire navale à l'entrave de nos relations avec les pays d'outre-mer. Il est indispensable, et c'est un corollaire aussi indispensable que le premier, que nous ayons une marine forte, sans qu'elle soit par cela une marine d'agression. Nos représentants à une conférence qui a fait beaucoup de bruit l'année dernière, l'ont dit. On a feint de ne pas les entendre. Nous ne nourrissons de sentiments agressifs à l'égard de personne, sur l'eau pas plus que sur terre ; mais ce que nous voulons et ce que nous avons le droit de vouloir, c'est une force navale suffisante pour pouvoir faire entrer chez nous ce qui nous est nécessaire ; nous voulons que cette grande route de la mer, qui appartient à tout le monde, soit libre pour nous comme pour les autres, et qu'à aucun moment on ne puisse nous étrangler par là.

A ce propos je voudrais dire un mot de la Société des Nations. Je suis amené à en parler parce que j'y ai collaboré pendant de longs mois. J'y étais allé plein d'espoir et rempli de bonne volonté, et j'ai pu constater qu'elle n'est pas encore en état de nous assurer la liberté de la mer, pas plus qu'elle n'est en état d'assurer la sécurité des peuples. L'âge d'or ne sortira pas encore aujourd'hui de cette réunion de peuples dominés par des intérêts si divers. Je ne sais si on aurait pu, dans une forme moins ambitieuse, arriver à la rendre efficace, mais il me revient à ce propos un souvenir de guerre que je veux rappeler ici. Ceci se passait à un comité de guerre interallié ; on parlait de la Société des Nations ; on se préoccupait de savoir comment, après la guerre, après notre victoire dont personne ne doutait, on pourrait arriver à créer une Société des Nations pour maintenir la paix dans le monde, après avoir payé si chèrement cette victoire destinée uniquement à établir une paix durable.

Un grand Ministre anglais, qui a été, depuis, le premier représantant de son Pays à la Société des Nations, exprima cette idée que j'ai trouvée pour ma part tout à fait juste et à laquelle je me suis assoçié entièrement :

« La forme de la Société des Nations, telle qu'elle m'apparaît, doit être pour le moment très modeste ; elle doit consister à la poursuite dans la paix des alliances que nous avons formées pour la guerre, qui nous conduiront à gagner la guerre et qui nous permettront ensuite de maintenir la paix. Commençons ainsi et, peu à peu, si nous arrivons à former un faisceau suffisamment uni, suffisamment fort par notre union, les autres peuples viendront à nous. Et c'est ainsi qu'après avoir assuré la paix du monde, nous maintiendrons cette paix. Mais, ajoutait-il, si nous voulons y parvenir, il faut que nous établissions cette union très étroitement entre nous, dès maintenant, pendant la guerre même, alors que le danger nous apparaît d'une façon si angoissante, parce que, une fois la guerre finie, une fois la victoire assurée, il est à craindre que les intérêts particuliers de chaque nation reprennent toute l'acuité qu'ils avaient jadis et que notre entente en devienne plus difficile. »

Hélas ! Un jour, à Genève, comme je lui rappelais ces paroles, j'ai pu constater que lui-même les avait tout à fait oubliées, car il m'a répondu ;

« Vraiment, vous êtes sûr que j'ai dit cela ? »

Il avait été trop bon prophète ; nous avons trop attendu.

Ceci est pour montrer combien il avait eu raison de penser qu'une tentative comme celle qui a été faite par des esprits très élevés et qui ont été entraînés, par

leurs 'espoirs généreux, plus loin que la réalité, tentative qui, nous l'espérons tous, pourra devenir une
réalité dans l'avenir, n'est pas tout à fait mûre
aujourd'hui, et que, si nous voulons avoir la sécurité
chez nous et la sécurité des communications dont on
vous exposait la nécessité à l'heure, il faut que nous
tâchions de l'assurer nous-mêmes et que nous soyons
bien sûrs, sans aucun esprit d'agression contre personne, d'être assez forts pour arrêter ceux qui
seraient tentés de se mettre en travers de notre
vie nationnale.

IV

LES PRINCIPES GÉNÉRAUX
DE NOTRE ORGANISATION COLONIALE

CONFÉRENCE DE M. Albert DUCHÈNE
Directeur des Affaires politiques au Ministère des Colonies

DISCOURS DE M. Gabriel HANOTAUX
de l'Académie française
ancien Ministre des Affaires Etrangères
Représentant de la France auprès de la Société des Nations

Mesdames, Messieurs, (1)

Parler d'organisation coloniale, exposer celle que
la France a jugée la meilleure, la caractériser, la qualifier, y affronter thèse, antithèse et synthèse, le tout en
moins d'une heure, la tâche est lourde en vérité. A l'entreprendre, de plus audacieux que moi seraient pour
le moins troublés, et, si le conférencier que vous avez
devant vous ce soir accepte de l'aborder, croyez
que ce n'est pas sans effroi. L'honneur qu'il éprouve
à prendre ici la parole lui impose, il le sait, un minimum de devoirs, celui d'être clair sans être impré-
cis, celui d'être exact sans être obscur et ennuyeux.
Y ajouter une concision forcée, c'est beaucoup, et
l'épreuve serait vraiment par trop redoutable, si je
ne pouvais compter sur l'indulgence d'un auditoire
éclairé, indulgent même, à vrai dire parce qu'il est
éclairé, parce qu'il est capable de me comprendre
vite et presque à demi-mot, et parce que, familiarisé
sans doute avec la difficulté de certains problèmes,
il voudra bien excuser par avance ce que ma conférence, quoi que je fisse, conserverait d'aride et d'assez
complexe.

Oublions tout d'abord ensemble, si vous le voulez

bien, les vocabulaires livresques, les idées courantes et trop facilement reçues. Ce n'est pas d'aujourd'hui, vous le savez, que les économistes et les juristes s'évertuent à définir ce qu'est ou ce que doit être une colonie ; comment, et, si l'on peut dire, par quels signes extérieurs, on peut discerner pour un grand pays, différentes sortes de possessions ; en quoi se séparent et se distinguent enfin les divers systèmes de colonisation. On a constaté depuis longtemps que toute définition était périlleuse, et que toute classification risquait d'être arbitraire, mais jamais peut-être ces deux vérités n'eurent mieux l'occasion de s'affirmer. Une colonie, dans le langage habituel, c'est un établissement d'outre-mer, *ultramar*, disait-on à Madrid au temps où l'Espagne commandait à d'importantes possessions. Outre-mer, c'est à la fois trop dire et pas assez. Outre-mer, la Corse n'est pas une colonie ; elle ne connait chez elle de colonie qu'une colonie grecque, un groupe de familles dont les descendants purent fuir Byzance vaincue, et qui comptaient parmi eux, s'il faut en croire les Mémoires de Madame d'Abrantès, les derniers représentants de la dynastie des Comnène. Outre-mer, l'Algérie se refuse parfois à se considérer comme une colonie, ne voyant en elle-même que la juxtaposition de trois départements français, trois départements, il est vrai, dont la population d'origine européenne ne forme qu'une minorité et qui se réunissent sous l'autorité d'un gouverneur général commun, avec une assemblée commune, et un budget commun. Par contre, Rome a connu jadis de véritables colonies qu'elle n'établissait pas outre-mer, qu'elle lançait comme des îlots perdus sur ses confins en pays barbare et qui se reliaient par voie de terre au reste de l'empire. Quand on veut classer les systèmes, l'embarras est plus grand encore. Colonies de peuplement, d'exploitation ou de commerce, protectorat colonial, protectorat du droit des gens, la terminologie s'allonge tous les jours, jusqu'aux territoires sous mandat, cette dernière conception et cette forme savante de l'esprit colonial, issues du traité de Versailles.

Simple affaire de mots, dira-t-on, et sans doute il importe peu. Les faits seuls ici nous intéressent. Un peuple est en pleine vitalité, il déborde ses frontières, parce qu'il manque de place sur son propre sol quelquefois, le plus souvent parce qu'il a le goût de l'aventure et parce que, comme eût dit La Fontaine, il aime mieux courir après la fortune que l'attendre dans son lit. Donc, il essaime, mais, en même temps, il veut soustraire à l'attraction de pays étrangers ces groupes qui lui échappent, car s'il en est parmi eux qui rêveront toujours d'un retour au pays natal, comme nos « Barcelonnettes » du Mexique, la plupart vont se fondre en un milieu nouveau qui finira plus ou moins vite par les absorber. La colonisation véritable a besoin, pour se développer, d'un sol où elle se trouve chez elle, soit qu'on s'y installe par droit de premier occupant, soit que la population ait sollicité l'appui, ou reconnu l'intérêt d'une intervention extérieure, pour affermir sa sécurité ou pour mieux assurer son évolution intérieure. Car, pour se justifier devant l'histoire, toute œuvre coloniale, au sens le plus général du mot, doit tendre vers un progrès matériel et moral, et, par là même, contribuer à la civilisation mondiale. Ce sont là des principes, rappelons le en passant, qui sont aujourd'hui, et de plus en plus, reconnus, proclamés, dans les rapports entre Etats, dans la vie internationale.

Ainsi donc, loin de sa terre d'origine, loin de ce qu'au Canada français, on appelle encore le « vieux pays », le peuple qui veut coloniser va s'établir sur un sol nouveau, y agir, y commercer, y travailler comme il le ferait chez lui, en dominateur dont l'autorité s'est solidement assise, ou simplement en conseiller sûr d'avance de voir ses avis écoutés. Comment va-t-il orienter les manifestations publiques de son établissement ? Sans doute, il ne pourra pleinement se dégager de certaines affinités, de tendances ataviques ; on est, d'instinct, individualiste ou communautaire, centralisateur ou décentralisateur. Mais c'est ici que l'observateur qui croit philosopher, et le philosophe qui croit observer, se hâtent de simplifier les choses. On ne pourrait, d'après eux, qu'osciller entre deux tendances également absolues, conduisant l'une vers l'assimilation, l'autre vers l'autonomie. Le Latin et le Musulman, plus généralement tous ceux qui cèdent à des influences latines ou islamiques, seraient, malgré tout, malgré eux, assimilateurs. L'Anglo-saxon, et tous ceux qui subissent des influences anglo-saxonnes, seraient prédisposés, au contraire, à l'autononie. De formation et d'éducation latines, nous serions enfin, nous autres Français, fatalement entraînés vers l'assimilation.

*
* *

Idées simples, idées trop simples, où nous allons voir qu'il faut, une fois de plus, se méfier de l'esprit de système. Il y a bien des degrés dans l'autonomie, et, d'un pays à un autre pays, l'assimilation n'est jamais parfaite. On aura beau légiférer, décréter à outrance, on ne changera pas le climat, les conditions extérieures de la vie. L'influence du milieu, que Taine, vous le savez, prit en particulier égard, a certainement, là, des conséquence inévitables, et peut-être faut-il simplement répéter après tant d'autres cette vérité devenue banale : *Quid leges sine moribus* ?

Admettons toutefois un instant que les mots aient une valeur précise . Est-il exact qu'un déterminisme fatal entraîne ici les hommes et les politiques ? Discernons d'abord la part de vérité qu'il y a dans toute théorie excessive. Il n'est pas étonnant que l'islam, confondant la loi religieuse et la loi civile, ait modelé les peuples sur un type commun, quand il avait toute sa force d'expansion, encore qu'il y ait bien des façons d'être fidèle à Mahomet, depuis les strictes observances de certaines confréries jusqu'aux conceptions plus libres du Berbère et du Malais, jusqu'aux rites purement extérieurs du noir de l'Afrique tropicale qui se dit et se croit musulman. Nous voulons bien reconnaître, d'autre part, que l'Anglo Saxon transporte volontiers avec lui son goût du « self-government », et que les nations latines, telle l'Espagne dans ses possessions d'Amérique, telle hier encore l'Italie en Tripolitaine, inclinent à donner leurs institutions et leurs lois aux pays qu'elles placent sous leur dépendance. Mais, pour être sincère, je crois que bien des distinctions et bien des réserves s'imposent à nous tout aussitôt.

Il n'est pas question de critiquer les systèmes. Il peut y avoir une certaine grandeur dans l'assimilation, qui tend à donner à des territoires divers, comme on eût dit jadis, « une foi, une loi, un roi ». Au point de vue inverse, rendre un pays autonome, ou lui garantir, sous la forme d'un protectorat, le libre fonctionnement de ses institutions intérieures, cela répond au plus noble idéal. Quand il s'agit de politique coloniale, tout est affaire de mesure et d'opportunité. Mais que voyons-nous ? Les Anglo-Saxons sont surtout autonomistes pour leurs propres nationaux ; envers les peuples de races diverses qui leur sont soumis, ils savent doser, avec un art infini des nuances, l'inflexible maintien de leur autorité. Ce souci d'une prééminence à conserver avant tout, on le constaterait également, d'ailleurs, chez les Hollandais, les Belges, les Américains du nord, voire même les Russes, du temps où les Russes avaient le loisir de coloniser. Est-il vrai que les nations latines soient mieux asservies à la rigueur des formules qui leur sont chères, et qu'elles soient dès lors assimilatrices par principe ? Tout à l'heure, je mentionnais l'Espagne; mais, à vrai dire, l'Espagne a dépassé l'assimilation, s'il faut voir dans celle-ci purement et simplement l'égalité des droits et des devoirs. En restreignant les libertés locales, c'est l'assujettissement qu'elle a pratiqué envers ses possessions, jusqu'au jour où, de révolte en révolte, il ne lui en est plus resté que quelques lambeaux sur le sol africain. Croyait-elle suivre alors, en l'ayant mal comprise, la tradition latine, celle de Rome ?

Nous sommes obligés de nous le demander, Messieurs, mais c'est alors qu'on regrette de présenter en un aperçu trop sommaire ce mélange de tolérance et de dureté, de domination agissante et de contrôle ténu, ce chef-d'œuvre d'opportunisme souvent qu'a été la politique de Rome en des pays lointains où, sans cesse, elle reculait ses frontières. Epargner ceux qui se soumettaient et se montrer implacable envers les rebelles, c'était sa formule qui, résumée en quelques mots souvent cités, devait demeurer classique. Le droit de cité ne se confondait pas avec le droit des gentils, mais je n'ai qu'à faire appel à vos souvenirs de droit romain pour vous rappeler qu'entre ce *jus civile* et ce *jus gentium* il y avait bien des degrés. Sans doute un jour vint où le fameux édit de Caracalla donna le droit de cité à tous les habitants de l'empire. On sait toutefois que cette mesure était dictée, non par une pensée de libéralisme, mais par un besoin fiscal. Vous n'ignorez pas davantage que, depuis longtemps déjà, Rome n'avait pas su préserver l'intégrité de ses mœurs, de ses traditions, de ses lois. Isis, Mithra, Cybèle, se mêlaient à ses dieux ou les détrônaient ; les Juifs chassés de Palestine depuis Titus se glissaient partout dans l'empire, les Barbares étaient de tous les côtés menaçants, et le christianisme, en apportant au monde des idées de renoncement et des espérances supra-terrestres, préparait une immense révolution. L'édit de Caracalla, c'est, en somme, beaucoup moins le dernier terme d'une assimilation devenue impossible que le signe le plus frappant d'une incurable confusion.

Héritière du monde latin, la France est surtout la continuatrice de la Gaule. C'est un pays où les éléments ethniques les plus divers se sont fondus à travers les âges, où les caractères se sont tempérés dans on ne sait quelle combinaison de qualités et d'instincts ataviques. La France est le pays de la mesure ; elle le prouve quand on la considère en tant que puissance coloniale, la France du passé comme la France du présent.

La France du passé nous apparaît maintenant, il est vrai, comme ayant agi surtout, par delà les mers, à l'imitation, à l'instar, de ce qu'elle voyait exister dans ses anciennes provinces. Ce n'était pas, croyez-le bien, par système. On n'avait pas de doctrine, on ne faisait guère de législation comparée, on ignorait la sociologie. Montesquieu, les encyclopédistes, les économistes ne sont venus, et surtout n'ont eu d'influence, qu'à la fin de l'ancien régime. Avant eux, on ne pouvait que s'inspirer des institutions qu'on avait sous les yeux, on n'en connaissait pas d'autres. C'est ainsi qu'au temps des croisades, qui furent à certains égards des manifestations de l'expansion française, des formes de l'esprit colonial, on avait transporté en Orient, comme l'une des premières assises de tout gouvernement stable, le régime féodal de l'époque. Aux xviiᵉ et xviiiᵉ siècles, on transposait de la même manière le cadre dans lequel se développait notre vie provinciale, on y ajoutait en général l'application de la Coutume de Paris et l'on tentait hardiment de reconstituer sur quelque rivage éloigné, de rajeunir sur quelque terre vierge, la physionomie, l'aspect de notre vieille France.

Mais il y fallut bien des adaptations, à tel point que, plus d'une fois, on dénatura complètement les choses. Sans même nous arrêter sur les délégations de pouvoirs plus ou moins compliquées qui se produisaient quand une grande compagnie interposait une sorte d'écran entre le gouvernement de Versailles et une colonie, il faut bien reconnaître que, dans les possessions de l'ancienne France, les organismes imités de la métropole prenaient une toute autre portée. Un gouverneur, un intendant, un conseil souverain, c'était l'ossature générale pour ainsi dire que l'on rencontrait dans ces territoires. Or, en France, le gouverneur de la province, avec des attributs militaires mal définis, n'avait plus guère qu'un rôle purement honorifique, dès la fin du xviiᵉ siècle, et l'intendant était tout. Dans les colonies, l'intendant était quelque chose, mais il cédait le pas au gouverneur, chef militaire et représentant direct du roi. Quant aux conseils souverains, c'étaient des parlements qu'on avait entendu constituer, mais en les associant davantage au pouvoir politique, et en y faisant entrer, avec les principaux représentants de l'autorité, des habitants notables du pays. Il y a même encore aujourd'hui, dans certaines colonies plus ou moins autonomes de la Grande Bretagne, des conseils législatifs dont le rôle et la composition même rappelleraient assez bien ceux des conseils souverains de nos colonies d'autrefois. L'assimilation, vous le voyez, n'était pas une copie pure et simple des institutions métropolitaines. L'ancien régime, dans la vie coloniale, se rajeunissait, pour ainsi dire, et se modernisait. On pourrait presque dire aussi qu'il s'y démocratisait : Les cadets de famille qu'on envoyait chercher fortune dans « les isles » étaient trop mêlés aux planteurs et aux commerçants pour que les uns et les autres ne vécussent pas dans des rapports de sociabilité, d'égalité, dans une douceur d'existence que les anciens habitants de Saint-Domingue notamment ont souvent regrettée. La noblesse même s'y confondait parfois, encore que les lettres d'anoblissement authentiques fussent nombreuses, avec le simple port d'une particule, dont on admettait fort bien, quand elle manquait, l'adjonction toute spontanée, par convenance mondaine, presque par courtoisie, pour honorer, et peut-être faire passer à l'histoire, quelque accident du sol, une terre, une crique, une rivière.

Si c'est là de l'assimilation, vous voyez qu'elle n'avait

rien de systématique, et qu'elle était avant tout comme un hommage rendu à la France lointaine. Elle n'allait pas jusqu'à confondre dans un régime commun Français et indigènes. Nous devenions vite les amis de ceux que nous appelions les « sauvages », et qui, dans l'Amérique du Nord, nous demeurèrent fidèles en des heures difficiles ; mais nul ne songeait sérieusement, fût-ce dans un apostolat trop zélé, à les faire rompre brusquement, brutalement, avec leurs coutumes et leurs traditions. Bien plus, cette France coloniale du passé, la politique de Dupleix dans l'Inde le prouve, avait compris qu'il faut savoir, non pas briser, mais utiliser et améliorer certaines organisations, certaines puissances indigènes ; avant que le mot fût inventé, elle avait comme la prescience, elle avait la notion, du protectorat.

J'attends, il est vrai, l'objection. Ce tableau, me dira-t-on, ce tableau vraiment enchanteur de la France coloniale d'autrefois, vous en accentuez un peu trop la couleur aimable, vous le poussez trop au rose ; c'est une idylle, et voilà tout. Vous oubliez la traite des noirs et l'esclavage. Hélas, loin de moi la pensée de dissimuler cette plaie du passé : elle a, non seulement déshonoré, mais faussé, et, dans les réactions violentes qui devaient en naître, à demi ruiné le régime colonial d'autrefois. Pas plus que d'autres Puissances, la France n'a su l'éviter, mais si maintenant elle mérite quelque excuse, c'est que, mieux que d'autres, avant les autres peut-être, elle eut pleine conscience du mal. Longtemps, elle se borna toutefois à l'adoucir, glissant dans les dispositions du Code Noir certaines atténuations, n'admettant pas non plus que, par une sorte d'assimilation à rebours, l'esclavage prît place dans les institutions de la France métropolitaine, et que le noir ne fût pas reconnu libre quand il touchait le sol de la mère patrie. Pourquoi donc n'y eut-il pas plus vite, contre une pratique qu'on défendait si mal, une révolte complète de l'âme française, l'âme sensible surtout du xviiie siècle ? Le comte Molé, dans des Souvenirs qui retiennent en ce moment l'attention publique, en donne une curieuse raison : « C'est que, dit-il, la scène est trop lointaine, c'est qu'entre la côte d'Afrique et nous s'élèvent bien d'autres cris de douleur qui épuisent notre sympathie et ont lassé notre pitié ». N'est-ce pas un peu déjà le mot découragé de la Pologne : Dieu est trop haut et la France est trop loin !

Elle n'était pas tellement éloignée cependant qu'elle ne fût amenée, sous l'exaltation de sentiments dont s'accompagna la Révolution, à favoriser l'affranchissement des noirs. Elle le fit alors dans la plénitude de sa force, dussent les colonies « périr plutôt qu'un principe » : si le mot ne fut jamais prononcé dans les termes exacts où on le cite, il traduisait certainement la pensée révolutionnaire. Puis un brusque arrêt du mouvement se produisit : il y eut, durant un demi-siècle, des atermoiements et des hésitations, sans que toutefois la France pût se tenir à l'écart de mesures internationales tendant à réfréner la traite des noirs sur mer. Il en fut ainsi jusqu'au grand acte de libération de 1848, dû, comme vous le savez, à l'impulsion de Victor Schœlcher.

Ne nous étonnons pas, Messieurs, qu'alors l'assimilation se manifestât à son maximum. Elle était l'une des conséquences, ou mieux l'une des formes d'un sentiment public que l'on voulait extérioriser. Entre blancs et hommes de couleur, on proclamait une égalité complète de droits, droits politiques et droits civils. Le

suffrage universel et une représentation parlementaire
ne se pouvaient pas refuser logiquement à nos colonies
d'alors, et, après une éclipse momentanée sous le second
empire, leur furent rendus, au lendemain même
de 1870. L'esclavage, et les réactions qu'il devait
fatalement amener, y avaient conduit, dans un en-
chaînement naturel des faits ; vous savez, toutefois
Messieurs, que le même raisonnement n'a pas prévalu
partout dans notre empire colonial.

Admirez d'ailleurs comme cette assimilation « à la
française » sait se garder de certains excès. On donne
le droit de suffrage aux indigènes dits « non-renonçants »
de l'Inde, c'est-à-dire conservant leur système de castes
et leurs traditions archi-séculaires ; mais on admet, et
toute une jurisprudence s'édifie sur cette base, qu'on
est en présence d'un électorat spécial et localisé, que
ces électeurs sont admis à voter dans leur pays, et ne
sont pas citoyens. Il en fut également ainsi pour les
habitants indigènes des communes du Sénégal, jusqu'à
ce qu'une loi de 1916 en décidât autrement, pour leur
tenir compte, non seulement d'une évolution progressive
et marquée, mais encore de leurs services de guerre.
Quand, après 1830, on étend à l'Algérie, avec l'institution de trois départements, une assimilation politique
et administrative avec la métropole, on ne se hâte
nullement de reconnaître des droits électoraux à la
population arabe, dont le statut personnel demeure
distinct du nôtre. Un même principe l'emporte et demeure constant ; il n'y a qu'un Code civil, et il n'y
a pas place pour deux catégories de citoyens français.
C'est, disons-nous, un principe, mais c'est, en même
temps, un état de fait, que la France coloniale du
passé, dans la mesure où elle se survit à elle-même, ne

pouvait que transmettre à la France coloniale du présent.

*
* *

Cette France coloniale d'aujourd'hui, éclose dans ces années 1880, années de pessimisme où ceux qui ne désespéraient pas voulaient détruire l'empreinte de la défaite, se rattache, on le voit, à la France coloniale d'autrefois, car le présent se relie toujours au passé. Mais elle s'est trouvée dégagée de cette plaie de l'esclavage dont elle allait s'attacher à faire disparaître en Afrique les derniers vestiges. Elle allait désormais être plus libre dans ses desseins, plus large dans ses conceptions, et elle le démontre chaque jour, qu'il s'agisse de l'organisation politique, de l'organisation judiciaire, du régime commercial, ou du progrès social.

Dans le domaine politique, l'empire extérieur de la France est comme une mosaïque de régimes différents, où nous nous efforçons d'obtenir que chacun d'eux soit à sa place, avec ce souci de l'adaptation que Richelieu certainement avait déjà quand, sous Louis XIII, il donnait à la France, dans des instructions générales, dans des chartes de compagnies, les premiers principes d'une politique coloniale. Il aurait voulu que cette politique ne coutât jamais rien à la mère-patrie, et qu'elle utilisât toujours des moyens locaux, des ressources locales. C'est encore aujourd'hui notre idéal, et s'il est trop souvent advenu que la réalité s'en écartât, on est bien obligé d'y revenir, maintenant plus que jamais, alors que la métropole française, ayant peine à suffire à ses besoins immédiats, ne peut disperser ses ressources, et, pour ainsi dire, les émietter. Régions annexées, pays de protectorat, territoires sous mandat, nous admettons indifféremment les uns et les autres, pourvu que la formule adoptée ici où là soit la bonne, celle que les populations acceptent le plus aisément et qui se concilie le mieux avec notre action. Notre politique se diversifie selon les lieux, depuis un régime de pure autorité, comme en Afrique Equatoriale et à la Côte Somali, jusqu'à des colonies annexées où les conseils généraux ont plus de pouvoirs que dans les départements français, puisque toutes les taxes perçues dans le pays doivent être votées par eux, jusqu'à des protectorats qui constituent de véritables Etats prenant place aux côtés de l'Etat français, jusqu'à ces territoires sous mandat distincts de notre territoire national et que nous gérons un peu comme on exploite, sous certaines conditions, le champ contigu à sa propriété mais que le voisin se refuse à vendre.

Cette politique multiforme est à la fois très souple et très libérale. Dans l'ensemble, elle tend vers l'autonomie, vers une autonomie spéciale, qui ne se peut comparer au « self-government » des dominions britanniques, mais qui n'en a pas moins son importance. Autonomie surtout administrative et budgétaire, qui trouve son expression naturelle dans ces grands protectorats de l'Afrique du Nord et de l'Indochine dont nous avons garanti le maintien par des traités conclus avec le pays protégé, dont nous avons parfois même, comme au Cambodge, déclaré solennellement à des tiers l'existence intangible ; autonomie administrative et budgétaire qui se concilie de même avec le système de l'annexion, comme en Algérie et à Madagascar. De cette autonomie, l'institution des gouvernements généraux a facilité, d'ailleurs, l'exercice, en associant parfois, comme en Indo-Chine, un pays annexé, la Cochinchine, et nos grands protectorats de l'Annam et du Cambodge, ou, comme en Afrique Occidentale, les pays d'administration directe du Sénégal et ces régions où nous reconnaissons la puissance plus ou moins limitée de chefs indigènes, protectorat réduit, protectorat colonial sans doute, protectorat réel au demeurant. Cette autonomie administrative et financière, nous la laissons s'affirmer dans des conseils locaux, de degrés divers, depuis le simple conseil de notables jusqu'aux conseils d'administration, aux conférences consultatives, aux délégations financières et aux conseils de gouvernement, où se fait, d'année, en année, une place de plus en plus grande la représentation des intérêts privés. La vie municipale, dont nous entretenons toutes les variétés depuis la *djemmaa* arabe et la commune indigène ou mixte jusqu'aux larges franchises prévues par la loi métropolitaine du 5 avril 1884, la vie municipale, dis-je, prépare les populations à une participation, toutes proportions gardées, à l'exercice du pouvoir local. Ajoutons que cette autonomie n'exclut pas l'accomplissement du devoir naturel qui appartient au pouvoir central, devoir de direction générale et de contrôle. C'est l'application d'une formule qui doit servir de guide à tout grand Etat de l'époque contemporaine, s'il ne veux s'exposer à la dislocation ou à la décomposition : On gouverne de loin, on administre de près.

La France, en somme, se montre, dans son vaste empire, respectueuse du droit de chacun. Hors de ces pays annexés où toute la population native a reçu des droits politiques et se compose uniquement de citoyens, elle se montre soucieuse d'observer les traditions locales, la coutume. Elle le prouve dans l'organisation judiciaire de ces possessions qui n'est pas, tant s'en faut, par une assimilation mal comprise, une copie pure et simple, une sorte de décalquage, de l'organisation judiciaire de la métropole. Partout où nous voyons ainsi se maintenir à nos côtés une population demeurée fidèle à son statut, nous avons soin de faire coexister deux justices, la justice française, et une justice indigène. Ce dualisme judiciaire que commande le principe de la personnalité du droit, s'accommode aussi bien du régime de l'annexion que du régime du protectorat. La justice française applique la loi française ; encore convient-il d'ajouter qu'on y a souvent simplifié les rouages, que les juges n'y ont pas l'inamovibilité, et que des modifications correspondant à des nécessités locales ou simplement l'obligation, qui est d'ordre général dans nos possessions, d'une promulgation spéciale, n'ont pas permis une extension pure et simple de la législation métropolitaine. Quant à la justice indigène, elle applique, dans des tribunaux réguliers, la coutume locale. Sans doute, cette coexistence n'est pas un simple parallélisme. La justice française tend à l'emporter, soit grâce à la présence d'agents européens au sein des tribunaux indigènes, soit grâce à l'institution de chambres d'homologation qui régularisent peu à peu le fonctionnement de ces dernières juridictions. Mais vit-on jamais plusieurs justices s'exercer côte à côte sans que l'une d'elles eût la préférence ? N'est-ce pas ainsi que la justice royale l'emporta peu à peu jadis sur les justices seigneuriales et les justices ecclésiastiques ? Et n'est-ce pas l'un des premiers devoirs de la France dans ses possessions de contrôler, de saisir, et peu à peu de corriger, ce que le fonctionnement de la justice indigène, toléré par elle, conserverait de rigoureux, d'inique ou de suspect ?

Quant aux relations commerciales de la France et de ses possessions, la présente conférence ne peut avoir pour objet de les analyser et de les apprécier. Survie du pacte colonial, protectionnisme et libre échange, ce sont là des influences qui se combattent, et le ciel me garde d'entrer dans la lice ! Si je les mentionne ici, c'est uniquement pour montrer ce que j'appellerai l'éclectisme de la politique française. Nous avons des possessions qui sont, au point de vue douanier, comme une prolongation du territoire national ; en principe, depuis la loi du 1er janvier 1892, le tarif métropolitain des douanes s'y applique aux marchandises étrangères, et à elles seules, sauf modifications sanctionnées par des décrets en Conseil d'Etat. Mais d'autres possessions ont un régime douanier tout spécial et sont maîtresses de leurs tarifs, à la condition d'observer les formes voulues. Je ne veux en tirer qu'une conclusion, c'est que, pour la France, il est nécessaire de sauvegarder, dans la vie économique de possessions lointaines, des conditions particulières tenant au milieu, au climat, à la diversité des productions et des besoins.

Je ne puis m'étendre non plus sur tous les efforts de la France pour hâter dans son empire colonial le progrès social des populations. Les budgets de nos colonies témoignent ici de l'importance que nous attachons au développement de l'assistance médicale, de l'enseignement public à tous ses degrés, et de la prévoyance sociale. La France y associe toutes les bonnes volontés, collectives et individuelles, celles des laïques comme celles des missions religieuses. Rapprocher les habitants originaires de nos possessions de nos habitudes, de nos idées, c'est là, en effet, l'une des formes de notre politique coloniale. Si nous tolérons, dans certain pays, parmi les populations indigènes, la consommation de l'alcool ou l'usage de certains stupéfiants, c'est parce qu'on est toujours obligé de tenir compte d'un mal existant et que l'on guérit seulement peu à peu. Il y a là comme un devoir d'éducation à laquelle la France s'est attachée de tout temps, devoir qu'elle doit remplir aujourd'hui surtout qu'elle dispose dans ses possessions de moyens financiers plus puissants, et que les contacts entre les personnes sont destinés à devenir de plus en plus fréquents, avec l'affermissement général de la sécurité intérieure du pays, avec aussi le développement de voies de communications, qu'il faudra bien hâter quelque jour, M. du Vivier de Streel vous l'a, ici même, savamment démontré. C'est aussi la préface nécessaire, dans les pays où les indigènes sont des sujets ou des protégés français, aux mesures individuelles qui peuvent leur permettre d'accéder à la qualité de citoyen.

*
* *

Ainsi, Messieurs, la France a su, dans son organisation coloniale, se montrer beaucoup plus réaliste que doctrinaire. Elle s'est accommodée de bien des circonstances, sans parti-pris, sans théorie préconçue, cherchant des conciliations ou des réconciliations, ne voulant que le bien de tous. Chez les cinquante millions d'habitants qui lui obéissent au-delà des mers, elle se heurte parfois aux griefs des uns, aux

doléances des autres, elle n'a pas à redouter de mé-
contents dont quelques excitations venues du dehors
puissent un jour distiller ou empoisonner l'amertume ;
elle ne craint pas de rebelles dont l'esprit de révolte,
sourdement entretenu, doive se généraliser subitement
à l'heure de la trahison. Les années de guerre en
témoignent, ces quatre années durant lesquelles nos
musulmans ont pu résister à tant et de si perfides
appels, où pendant quelque temps il a suffi d'un millier
d'hommes pour garder notre Indo-Chine. Citoyens,
sujets, protégés, ne sont que des prénoms ; au jour du
danger commun, Français est le nom de famille. Quand
il s'agit de notre organisation coloniale, en somme, il
est légitime et naturel que, dans un aussi vaste domaine, les systèmes s'opposent les uns aux autres,
s'entremèlent et peut-être se succèdent. Ils se vau-
dront toujours dans leur effet final, car c'est dans les
cœurs qu'ils réalisent, et que, de plus en plus, ils
fortifient une forme permanente d'union sacrée, l'unité
nationale, l'unité de l'empire français.

DISCOURS DE M. GABRIEL HANOTAUX.

Mesdames, Messieurs,

Nous venons d'applaudir la très belle conférence de
M. A. Duchène. M. Duchène est le type de l'excellent administrateur des Colonies françaises ; vous avez
observé en lui, en l'entendant, ce souci du juste, ce
scrupule, cette pondération, ce bon sens qui, acceptant
et étudiant tous les systèmes, n'en subit aucun, ne se
laisse diriger que par sa conscience, mais en l'accom-
pagnant sans cesse d'une science parfaite. C'est bien
là le colonisateur français ; il est l'héritier d'une
longue tradition ; car, quoi qu'on en dise, il y a une admirable tradition coloniale française ; et je remercie
M. Duchène de ne pas l'avoir oublié, et quand il parlait de la France coloniale du présent, de ne pas avoir
oublié l'œuvre coloniale de la France du passé. Cette
tradition française, qu'il s'agisse de notre patrie métropolitaine, qu'il s'agisse de notre empire colonial,
c'est toujours l'assimilation. L'œuvre historique française a sans cesse assimilé la France à la France. Et
c'est ce qui a composé cette incomparable unité. Il fut
une époque où les pays et les jprovinces qui devaient
faire partie plus tard de la Mère-Patrie étaient tout
aussi différents les uns des autres et à peu près aussi
éloignés du centre que beaucoup de nos colonies ac-

tuelles, car les moyens de communication étaient rares ;
les langues étaient différentes ; les coutumes, les traditions, les races paraissaient, pour ainsi dire, ne devoir
jamais se fondre ni se confondre. Or l'œuvre persis-
tante du pouvoir central a consisté à ramasser toutes
ces provinces « coloniales » en une seule patrie ; il a
réussi à les amener à lui par une juste modération et
par une constante préoccupation des intérêts et des
sentiments locaux .On nous parlait tout à l'heure de protectorat ; le mot disait-on, ni la chose, n'existait pas
sous l'ancien Régime. Peut-être. Mais il existait un
embryon qui nous a servi quand, sous Jules Ferry, nous
avons jeté les bases du protectorat tunisien. Ne vous
souvenez-vous pas de ces pays que le traité de Cateau-
Cambrésis avait placés « sous la protection du Roi de
France » ; il s'agissait de faciliter l'accession des nouvelles provinces à l'Empire français, avec les nuances
et les transitions nécessaires. Cette formule existait
dans notre histoire et nous n'avons fait que la recueillir
et l'amplifier en fondant le « protectorat moderne ».
Mais, comme je vous le disais, il avait sa racine dans le
passé national — chose et mot — et c'est pourquoi il a
réussi si vite dans le présent et c'est pourquoi il a un si
grand avenir.

Cette méthode de l'assimilation avait obtenu jadis
des résultats incomparablement rapides et durables.
Dans les pays nouvellement conquis, nulle résistance.
En 1766, par exemple, à sa réunion à la France, la
Lorraine ne s'entête pas sur sa vieille indépendance.
Elle se sent libre et plus libre et plus forte dans un
corps plus puissant, et elle accepte ; et elle devient du
jour au lendemain France, au premier chef. Voilà la
bonne et féconde assimilation à la française.

Les sujets du Roi de France disaient jadis : « Sire nous sommes vos sujet, mais avec nos privilèges ». C'est là une des paroles les plus frappantes de l'histoire de l'ancienne monarchie. « Avec nos privilèges » cela voulait dire avec nos habitudes, nos mœurs, nos volontés particulières. En effet, c'est par une collaboration spontanée et toute cordiale que s'est faite cette France moderne qui, à son tour, vient, à l'époque où nous sommes, avec les mêmes principes et surtout les mêmes sentiments, de constituer « la plus grande France. » Les méthodes sont les mêmes. Les procédés n'ont pas changé ; une conférence comme celle que vous venez d'entendre vous le prouve assez. Cet élan du cœur, cette sûreté de main, cette science dans la conscience, dont je parlais tout à l'heure, voilà ce qui anime toujours l'action de nos grands administrateurs coloniaux.

Et l'on vient nous dire que nous ne sommes pas des colonisateurs ! Nous sommes des colonisateurs, et depuis fort longtemps : nous avons donné d'illustres exemples, parfois trop oubliés. En somme, notre plus ancienne colonie, c'est l'Angleterre ! Peut-être n'aurons-nous pas souvent, dans l'avenir, d'aussi belles réussites ; mais nous maintiendrons, je n'en doute pas, et le long des siècles, la réputation de la France, grande semeuse d'idées et de civilisation. Nous inciterons ainsi chaque jour, de plus en plus, de nouvelles parties du monde à se rattacher à nous et à aimer, comme la leur, notre chère Patrie.

V

FINANCES PUBLIQUES
ET RÉGIMES MONÉTAIRES

CONFÉRENCE DE M. François PIÉTRI

ancien Inspecteur des Finances
Directeur général des Finances du Maroc

DISCOURS

DE M. Le Comte DE PERETTI DE LA ROCCA

Directeur des Affaires politiques au Ministère des Affaires Etrangères

Je suis confus de faire entendre ma voix à cette
même place où, dans un temps devenu pour moi lointain, s'élevait celle de maîtres illustres qui furent aussi
les vôtres et auxquels je dois le peu que je sais.

Vous ne m'en voudrez pas d'évoquer leur souvenir
avec une respectueuse émotion et de placer sous les
auspices de leur doctrine, toujours vivante, de cette
grande doctrine de l'économie libérale, à laquelle cette
Ecole et ceux qui en sont issus demeurent fidèles, le
modeste exposé que j'ai été invité à vous présenter.

Je vous demande aussi la permission de remercier
M. de Peretti de la Rocca, pour avoir accepté de présider cette conférence sur les finances publiques et les
régimes monétaires de nos colonies. Je suis témoin de
l'écrasante besogne qu'il assume, aux côtés d'un
homme qui ne peut demander à ses collaborateurs
moins qu'il n'exige de lui-même, et il me donne ici,
en nous sacrifiant un peu de son temps, une preuve
nouvelle de sa très bienveillante amitié.

(1) Retenu au Maroc à la date primitivement fixée pour sa conférence.
M. Piétri n'a pu la prononcer que le 24 mars 1924 c'est-à-dire après
celle de M. Guy (17 mars). Nous rétablissons ici l'ordre logique.

MESDAMES, MESSIEURS,

En me chargeant de cette conférence, notre trop indulgent Président, M. Paul Ernest-Picard, a pensé, sans doute, que, conduisant depuis sept ans les finances de la plus jeune de nos colonies, je devais avoir acquis cette sorte d'expérience un peu particulière qui est surtout faite de l'expérience des autres.

Il est certain que le Maroc a singulièrement bénéficié des résultats obtenus et peut-être des quelques fautes commises dans les pays où l'installation de la France date de plus longtemps et qu'il offre aujourd'hui un résumé, un total assez frappant de ce qu'on pourrait appeler la doctrine coloniale de la France en matière financière et monétaire.

Vous me pardonnerez donc la tendance à laquelle je céderai de m'y référer fréquemment, comme vous pardonnerez à ma science incomplète de mieux posséder, en somme, un sujet qui est le mien et qui m'est cher.

En prononçant, à propos du Maroc, le mot de *colonie* je me tourne encore vers notre éminent Président, et je lui demande la permission, en m'en excusant, d'employer ce mot pour la facilité de mon exposé même lorsqu'il s'agira, comme c'est là le cas, de pays qui n'ont juridiquement point le caractère de colonies et qui sont, nous le savons, des nations placées, de leur propre et plein gré, sous la protection de la France.

Si vous le voulez bien, il sera entendu que nous nous servirons de ce mot dans un sens purement conventionel et sans prétendre en rien confondre ces trois ordres de collectivités qui demeurent différentes en droit public français : les colonies, les « pays de protectorat » et les protectorats proprement dits.

J'aurais désiré, Messieurs, en traitant des questions dont je me propose de vous entretenir, tomber le moins possible dans l'excès, pourtant difficile à éviter, du détail et de l'analyse.

Pour cela, j'ai essayé de rapporter à une idée ou à une préoccupation maîtresse, suivant une conception à laquelle j'ai eu, depuis quelques années l'occasion de souvent réfléchir, chacun des deux titres qui divisent longuement mon exposé : les finances publiques, les régimes monétaires.

En ce qui concerne les finances publiques, je voudrais, au risque de critiquer une orientation nouvelle que le monde colonial redoute avec juste raison, montrer que la prospérité d'une colonie est fonction de l'autonomie absolue de son système fiscal et de son budget, que ses bénéfices doivent lui revenir et lui appartenir et qu'il est d'une politique fâcheuse, pour la Métropole, de prétendre tirer d'elle des profits d'ordre budgétaire.

En ce qui concerne les régimes monétaires, je tenterai de faire ressortir l'intérêt de premier ordre qui s'attache au contraire à l'unification de nos monnaies coloniales et du système monétaire métropolitain. Cette sorte d'impérialisme monétaire, aujourd'hui pleinement réalisé dans l'Afrique du Nord, agit comme la plus efficace des protections pour notre commerce national.

Ainsi : autonomie dans l'ordre budgétaire et financier, dépendance dans l'ordre monétaire, tels sont, par

une contradiction qui n'est qu'apparente, les objectifs
à poursuivre, à mon humble avis, dans la politique
financière de la France aux colonies.

MESDAMES, MESSIEURS,

L'ensemble des budgets de nos différentes colonies,
réduits aux seuls budgets *sur ressources ordinaires*,
les seuls qui fournissent une notion exacte de la richesse normale, des revenus réguliers d'un Etat, représentent une masse budgétaire d'un peu moins de
deux milliards et demi de francs.

Certes, il convient de remarquer dès l'abord que ces
2 milliards 1/2 de francs ne représentent, en définitive, que l'équivalent du budget d'un assez petit Etat
européen. Parmi les pays d'outre-mer, coloniaux ou
semi-coloniaux (même si l'on écarte ceux, comme les
Dominions, qui sont à base de population européenne
ou blanche), nous rencontrons aisément des contrées
d'une richesse particulière, telle que l'Egypte, qui, à
elles seules, alignent un budget annuel sensiblement
égal à celui de l'ensemble de nos possessions réunies.

Mais ici une double et importante observation s'impose :

1º) La jeunesse de notre empire colonial ou, plus
exactement de la partie de notre empire colonial qui,
dans ce total de 2 milliards 1/2, figure pour une proportion qui n'est pas inférieure aux quatre cinquièmes. En
dehors de l'Algérie, qui atteindra sous peu son premier siècle d'existence, nos colonies et nos protec-

torats principaux sont adolescents. L'Indo-Chine, la Tunisie abordent à peine leur majorité. Quant à l'Afrique occidentale et équatoriale française, quant à Madagascar même, quant au Maroc surtout, ai-je besoin de dire que ces pays sont encore enfants et que la vigueur de leurs jeunes années fait surtout prévoir *pour l'avenir* une maturité remarquable ?

Il est hors de doute que, le jour où les emprunts et les capitaux investis dans ces vastes domaines auront complètement fait leur œuvre, la masse budgétaire que je rappelais tout à l'heure, se sera considérablement accrue,

2°) La nature particulière de la plupart de nos colonies, qui fait précisément qu'on commettrait une lourde erreur, je crois, en cherchant dans le signe budgétaire la mesure de leurs richesses respectives.

Je vous demande d'insister sur ce point, bien qu'il me contraigne à une incursion, nécessaire pourtant, dans un domaine dont l'intitulé de ma conférence m'interdit l'accès : le domaine proprement économique.

Nos colonies constituent, très nettement, dans l'ensemble, des pays à production spécialement agricole; pour la plupart même, à production agricole d'exploitation extensive par nature.

La richesse produite, consommée, exportée par des pays semblables peut atteindre des chiffres forts importants. Leur place, leur rôle dans l'économie générale de la Nation peut être énorme. Les ressources *publiques* à en attendre demeureront toujours et forcément inférieures, en proportion, à leur coefficient de richesse productive ou commerciale.

Cela tient à ce que, malgré les louables efforts

tentés par tous les financiers publics pour s'éloigner le plus possible des formules de capitation pure, ou pour écarter également le plus possible la part de la consommation individuelle dans leur fiscalité, le produit des impôts, taxes, droits et prestations de toute sorte, celui même des exploitations et des régies domaniales, reste fonction, au premier chef, de l'importance *de la population*.

Or n'oublions pas, à cet égard, que l'empire colonial de la France, pour une superficie totale qui atteint le tiers de l'empire colonial britannique, pour un commerce extérieur dont les chiffres ne représentent pas moins du sixième du commerce extérieur des colonies anglaises, n'offre une population totale qu'égale au huitième à peine de la population coloniale anglaise.

Autre rapprochement : notre empire colonial est cinq fois plus étendu que l'empire colonial néerlandais. Or, la population des seules Indes orientales bataves n'est pas loin d'*égaler*, à un sixième près, la population totale de nos colonies.

Voilà, à mon avis, une des raisons, tout au moins temporaires, de la faiblesse relative de l'ensemble des budgets des possessions françaises, étayée encore par la comparaison qui sera faite, on le verra, de ces différentes possessions entre elles.

Je me hâte d'ajouter, encore une fois, qu'il n'y a rien là qui doive diminuer dans notre esprit la valeur économique de notre empire colonial. Il n'est question ici que de finances et de ressources publiques, et certains des chiffres que nous venons d'effleurer démontrent, au contraire, ce que j'indiquais à l'instant, à savoir qu'il faut se garder de chercher dans le symbole budgétaire d'une colonie l'exacte et exclusive mesure de sa valeur productive et de sa richesse.

Ce qu'il est autrement intéressant de relever, dans ces 2 milliards 1/2 de ressources publiques coloniales, c'est que, depuis quelque temps déjà, elles ont cessé de comprendre *des subventions financières de la Métropole*. En dehors de quelques millions (7 à 8) encore versés à l'Afrique équatoriale française, en dehors des dépenses proprement militaires qui (et encore dans une mesure qui s'affaiblit journellement) incombent encore au budget métropolitain, ces [ressources sont fournies *par le crû* lui-même.

Nous aurons l'occasion de consacrer un développement spécial à cette importante question des rapports budgétaires entre la France et ses colonies, notamment du point de vue des dépenses militaires.

Qu'il suffise pour l'instant de constater que, budgétairement, presque toutes nos colonies suffisent à leur vie propre et que les 2 milliards 1/2 en question représentent un effort fiscal entièrement local.

Evalué par tête d'habitant (indication sans grand intérêt peut-être, mais que je donne ici à titre documentaire), cet effort fiscal correspond à une charge individuelle de près de 40 francs, résultat qu'il faut se garder de comparer aux charges fiscales individuelles d'un pays comme la France ou l'Angleterre, 8 ou 10 fois supérieures, mais qui, ramené à la mesure coloniale usuelle, est hautement appréciable et témoigne à la fois du loyalisme de nos populations exotiques et de la richesse de nos colons et de nos sujets.

Ce qui caractérise encore, et enfin, l'ensemble de nos colonies, touchant leurs finances publiques, c'est :

1°) l'excellente situation de leurs réserves.

2°) la faiblesse relative de leur dette publique.

Je ne crois pas utile de vous présenter à nouveau, en ces matières, des chiffres additionnés, dont l'artifice serait évident. Il nous suffira de nous en rendre compte tout au long du développement analytique auquel je suis forcé d'en venir maintenant, sous peine de réduire cette conférence à un simple discours.

Je m'excuse de la série, parfois fastidieuse, de chiffres et de détails que je vais être contraint de vous faire subir. Il est pourtant difficile de traiter de finances sans en passer par un certain nombre de précisions. L'aridité de cette analyse se trouvera peut-être corrigée par mon intention (si vous le permettez) de ne vous fournir que des chiffres arrondis, autant pour éviter une exactitude parfois dangereuse que pour nous permettre d'effectuer plus facilement, et plus vite, certaines comparaisons et certains recoupements indispensables.

Dans l'analyse qui va suivre, je suivrai trois ordres d'études distinctes : celle du *budget* lui-même (situation et contexture budgétaire de chacune de nos colonies, organisation comptable et contrôle financier, classement méthodique des diverses sections de dépenses et de recettes).

Celle du *patrimoine* de la colonie, qui m'amènera à examiner avec vous l'état et la progression des réserves budgétaires de chaque colonie, la valeur et l'importance de son domaine immobilier et, également, au passif, la situation de sa dette publique, enfin celle de la *fiscalité* en usage dans nos différentes possessions et des résultats qu'elle donne.

Pour terminer cette première partie de mon exposé, je parlerai, ainsi qu'il m'a été donné d'y faire allusion il y a quelques instants, de la grosse, je dirai même de l'épineuse question des rapports budgétaires entre la France et certaines de ses colonies. Je dis : épineuse, parce qu'elle soulève un problème qui met actuellement aux prises le Parlement et l'opinion coloniale : savoir s'il convient, et dans quelle mesure il peut convenir, de réclamer des colonies des subventions effectives au budget français, spécialement en ce qui concerne les dépenses militaires.

C'est à ce moment que j'aurai l'occasion de conclure à la nécessité de cette indépendance budgétaire des colonies dont je disais un mot en commençant, indépendance que j'opposais à l'utilité, à l'inverse, de leur dépendance monétaire et qui me semble une condition logique de leur prospérité financière et économique.

Je suivrai, pour vous parler de chacune des colonies au point de vue qui va nous retenir tout d'abord — le point de vue budgétaire — un ordre fort simple : celui de l'importance de leur budget ordinaire.

C'est ce qui me conduit tout de suite à parler, avant toute autre colonie, de notre magnifique empire indochinois.

Vous n'ignorez pas que l'indo-Chine française groupe cinq pays différents dont chacun a son budget distinct, budget limité, à la vérité, à l'importance et à la contexture classique d'un budget du type régional, c'est-à-dire alimenté principalement par l'impôt direct et subvenant aux dépenses de travaux publics et d'intérêt local : Cochinchine, Tonkin, Annam, Cambodge, Laos.

A ces budgets régionaux s'ajoute et se superpose un budget du *type fédéral* groupant les dépenses d'intérêt commun à toute l'Indo-Chine : gouvernement et administration générale, dette publique, justice, postes et télégraphes et, enfin et surtout, un ensemble de grands travaux publics intéressant l'ensemble de la colonie.

Les recettes de ce budget sont constituées principalement par l'impôt indirect et par les douanes.

A ce budget central ou fédéral se rattachent des budgets extraordinaires ou annexes correspondant à la gestion des chemins de fer et à celle des fonds d'emprunt.

Ces divers budgets sont exprimés *en piastres*. Nous parlerons plus loin de l'organisation monétaire de l'Indo-Chine. Pour l'instant, bornons-nous à indiquer qu'en dépit de cet agencement comptable en piastres, certaines dépenses de l'Indo-Chine (notamment le service de la dette publique, une partie du traitement des fonctionnaires) sont en réalité payables en francs.

Il s'ensuit qu'un taux conventionnel d'évaluation du franc en piastres est adopté pour l'établissement annuel du budget, ce qui crée entre les chiffres du budget lui-même et son règlement effectif, en fin d'exercice, des différences parfois considérables, représentées par les variations subies par la piastre en cours d'année. Lorsque le taux moyen d'exécution effective a été inférieur au taux d'évaluation budgétaire, il en résulte un excédent ou ce qu'on pourrait appeler, en langage comptable privé, un bénéfice d'agio, appréciable pour le fonds de réserve de la colonie. C'est ce qui survient d'habitude, en raison de la prudence avec laquelle on a soin de fixer le taux d'évaluation. Depuis la guerre, en dépit de cette prudence, l'inverse a pu se produire. Nous y reviendrons.

Pour 1924, le taux d'évaluation adopté a été 6 francs, taux sensiblement inférieur au taux effectif de la piastre à l'heure où nous sommes. Il nous est donc permis, pour nous faire une idée moyenne du budget indo-chinois, de le convertir en francs non sur le pied de 6 francs, mais sur celui, plus voisin de la réalité, et encore très prudent de 8 francs et de dire que le budget ordinaire général de l'Indo-Chine atteint, pour 1924, 504 millions de francs environ.

Au même taux d'évaluation, l'ensemble des cinq budgets locaux ressort à environ 320 millions, les plus importants étant ceux de la Cochinchine et du Tonkin (une centaine de millions chacun), puis l'Annam et le Cambodge, les deux « pays de protectorat » (près de 60 millions chacun), enfin le Laos : 18 millions environ.

Ainsi, ce qu'on pourrait appeler la masse budgétaire ordinaire de l'Etat ou de la fédération indo-chinoise atteint, vous le voyez, le total, singulièrement imposant, de 850 millions de francs dont il y a lieu cependant de défalquer environ 70 millions de subventions consenties aux budgets locaux par le budget général et qui feraient donc double emploi dans notre total.

Ce bloc de 780 millions effectifs représente, à lui seul, près du *tiers* de l'ensemble des ressources et des dépenses *ordinaires* de toutes nos colonies réunies, pour une population d'ailleur exactement égale, elle aussi, au tiers de la population totale de notre Empire. Ce total de 780 millions de francs n'est pas dépassé de beaucoup (un septième à peu près) par le trio de nos trois grandes possessions de l'Afrique du Nord, avec une population totale inférieure d'un quart et un coefficient de richesse (tiré grosso modo de la valeur des exportations) notoirement supérieur.

Cette dernière observation atteste l'exactitude expérimentale de ce que j'indiquais tout à l'heure, quand je tentais d'établir un rapport entre les chiffres d'un budget et ceux de la population du pays qu'il concerne. Ce facteur de la population est bien le principal dont il convienne de tenir compte en matière budgétaire, puisque, s'il fallait que les ressources ordinaires d'un pays fussent plutôt à proportion de sa richesse que de sa densité ethnographique, le budget de l'Indo-Chine devrait être très considérablement inférieur à celui des trois possessions réunies de notre Afrique du Nord. Or vous constatez qu'il n'en est rien. Je me hâte au surplus de prévenir une objection qui pourrait être tirée du change et qui, je n'ai pas besoin d'y insister, ne résiste pas à l'examen : ce n'est pas à vous, Messieurs que j'apprendrai que le budget (comme les prix, comme les salaires), d'un pays à change élevé, ne croît pas en raison exacte de l'avantage que prend son change sur tel ou tel pays.

Et, puisque nous nous trouvons incidemment sur ce sujet, je vous signale qu'entre 1913 et 1923, les budgets de l'Indo-Chine, exprimés en piastres, ne se sont accrus que dans la mesure approximative de 3 à 5, accroissement dû par conséquent, et uniquement, au développement de la production et de la richesse de la colonie, alors qu'en Afrique du Nord, les mêmes budgets comparés de 1913 et de 1923, actionnés et par un certain développement, et, en outre et surtout, par la dépréciation de l'instrument monétaire servant à les calculer, ont varié de 3 jusqu'à 7 environ.

Je ne serai pas complet, Messieurs, si je ne vous disait point très succinctement qu'à côté de son budget ordinaire global de 780 millions de francs, l'Indo-Chine possède des budgets extraordinaires ou annexes, notamment un budget annexe des chemins de fer dont le total est d'environ 24 à 25 millions et dont une caractéristique intéressante est qu'il ne se solde pas en déficit, mais au contraire en excédent de 10 à 15 % environ.

Je passe, bien entendu, sur la série usuelle des comptes spéciaux, avances de trésorerie, caisses diverses qui escortent le budget de l'Indo-Chine comme il en est des budgets de tous les Etats, et dont l'intérêt n'apparaît qu'en ce qui concerne, d'une part, le fonds de réserve de la colonie, d'autre part, ses opérations monétaires. Nous y reviendrons dans les parties de mon exposé qui auront trait à ces deux ordres de question.

Maintenant que nous nous sommes fait une idée des revenus et des charges ordinaires de l'Indo-Chine française, par l'examen des chiffres de son budget, tâchons d'en dégager les caractéristiques intéressantes.

Je me bornerai à parler pour l'instant, à peu près exclusivement, des dépenses, me réservant de retrouver les recettes, et les remarques que leur examen peut soulever, dans la partie de mon exposé où je traiterai de l'organisation fiscale et du rendement des impôts dans nos différentes colonies.

Si nous nous en tenions au budget général, nous serions amenés à constater que les dépenses d'administration générale en absorbent plus de la moitié. Mais ce serait là une déduction hâtive, puisque, par définition même, le budget général est chargé de la masse des dépenses d'administration. Nous voilà donc encore contraints de faire bloc du budget général et des budgets locaux pour nous faire idée de la distribution des principales dépenses de l'Indo-Chine.

Les dépenses d'administration, qui occupent, disions-nous, la moitié du budget général, figurent dans une proportion très sensiblement moindre dans les budgets locaux. Au total, et tous redressements opérés, on peut évaluer à 250 millions, en fin de compte, les dépenses d'administration de l'Indo-Chine, pour une masse budgétaire, disons-nous, de 780 millions, soit donc à peu près exactement 32 à 33 °/₀ de cette masse.

Une semblable proportion est relativement élevée. Il nous a paru qu'elle était moins favorable que celles qui se trouvent accusées par les budgets de certaines de nos grandes colonies. La raison en est, sans aucun doute, dans le fait que la hausse constante, parfois énorme, de la piastre par rapport au franc, a amené un enchérissement forcé des dépenses de *personnel*. Par leurs traitements mi-partie en piastres et mi-partie en francs, les fonctionnaires de l'Indo-Chine, sans le vouloir aucunement, se sont trouvés jouer, si je puis dire, sur deux tableaux, et il en est résulté immanquablement une dépense beaucoup plus forte que celle qui eût été exposée dans le cas de fixation des émoluments en une seule monnaie, forte ou faible.

Autrement avantageuse est la proportion du service de la Dette publique, par rapport à l'ensemble du budget indo-chinois des dépenses. Nous aurons l'occasion de reparler tout à l'heure de la faiblesse relative de la Dette publique de l'Indo-Chine, et d'en indiquer les intéressantes raisons. Qu'il nous suffise de signaler, pour l'instant, que le service de la Dette publique en Indo-Chine n'absorbe pas plus d'une soixantaine de millions, soit donc, si l'on veut même ajouter à ce chiffre les annuités de certains emprunts qui ne figurent qu'à des comptes annexes du budget général, *moins du dixième* de l'ensemble du budget. Il est hors de doute que cette proportion est la plus avantageuse de celles qui se remarquent parmi nos colonies et même chez celles d'entre elles qui sont sensiblement plus âgées que l'Indo-Chine et qui ont aujourd'hui largement amorti leurs emprunts du début.

Enfin, Messieurs, (et c'est à cela que je me trouve tout naturellement conduit) la caractéristique du budget-dépenses de l'Indo-Chine, c'est (il m'est agréable d'y insister pour témoigner une fois de plus de la richesse et de l'activité de cette magnifique colonie) la place considérable, je dirai même énorme, ou anormale, dans le bon sens que peut avoir ici ce mot, qu'occupent, dans les charges ordinaires et courantes de l'Indo-Chine, les dépenses d'ordre économique, spécialement celles de travaux publics.

Les travaux publics (en y ajoutant les postes et télégraphes) absorbent plus de 25 °/₀ du budget général de l'Indo-Chine et la presque totalité, quelque chose comme les deux tiers, des budgets locaux.

C'est donc une masse de près de 300 millions de francs par an que cette puissante colonie consacre, sur ses ressources ordinaires, soit donc plus du *tiers* desdites ressources (environ 40 °/₀), à son outillage économique.

Là-dessus, et indépendamment de ce qu'assurent directement les fonds d'emprunt eux-mêmes, plus d'une centaine de millions se trouvent affectés à des travaux neufs.

Je ne crois pas que, même parmi les Etats les plus

industrieux, les plus neufs ou les plus riches, aucun pays puisse s'offrir, en ce moment, le luxe d'un aussi large et aussi fructueux sacrifice.

Messieurs, vous voudrez bien m'excuser de ne dire qu'un mot, au point de vue budgétaire, des autres colonies qui constituent, avec l'Indo-Chine, le groupement colonial du Pacifique.

Je me bornerai à énumérer rapidement le montant de leurs budgets ordinaires respectifs :

Les établissements de l'Inde française, lesquels sont gérés plutôt, au point de vue qui nous occupe, comme des départements que comme des Etats, offrent un budget d'ensemble de 15 millions environ (en prenant la roupie à la base conventionnelle de 7 francs.)

La Nouvelle-Calédonie, un budget d'environ 9 millions.

Tahiti, un budget de 6 millions 1/2.

Ces trois budgets font surtout face à des dépenses d'administration générale et d'entretien. Nous aurons l'occasion de reparler de ces colonies à l'occasion de la Dette publique ou du régime fiscal.

Messieurs, la colonie qui, du point de vue des finances publiques, occupe la seconde place dans cette série que nous avons fait commencer par l'Indo-Chine est notre déjà vieille et très prospère colonie de l'Algérie.

Je vous ai déjà indiqué les raisons qui font, à mon avis, qu'avec un mouvement commercial supérieur à celui de l'Indo-Chine, avec une richesse intrinsèque peut-être plus grande, le budget de l'Algérie est loin d'atteindre à l'importance de celui de L'Indo-Chine : 400 millions de budget ordinaire au lieu de 780.

A ce chiffre de 400 millions, il y a lieu cependant

d'ajouter, pour que notre comparaison avec l'Indo-Chine soit aussi exacte que possible, la masse des budgets départementaux et communaux, lesquels jouent un rôle plus important en Algérie qu'en Indo-Chine dans l'organisation budgétaire de la colonie.

En les comptant, on peut dire qu'en face des 780 millions du budget indo-chinois, l'Algérie aligne non point 400 millions de ressources et de dépenses budgétaires, mais 470 environ.

Nous ne parlons pas ici, encore une fois, du budget extraordinaire. Cette catégorie de budgets est difficilement comparable d'une colonie à l'autre, en raison de la différence des contextures budgétaires et de la plus ou moins grande proportion des opérations de pur ordre qui y figurent. Il offre d'ailleurs un intérêt secondaire, quand il s'agit de doser et d'apprécier « les frais généraux » d'une colonie. C'est plutôt à propos de la Dette publique que nous aurons l'occasion d'en parler.

A la différence des budgets coloniaux en général, lesquels sont établis dans des conditions variant avec leur organisation administrative, mais à peu près toujours approuvés *par décret*, le budget de l'Algérie, sorte de démembrement, en somme, du budget national (comme l'Algérie elle-même, juridiquement, est un démembrement de la Nation), se trouve, après avoir été établi et voté par les délégations financières, soumis au Parlement et entériné *par une loi*.

Les ressources des départements et des communes elles-mêmes, constituées principalement par des centimes additionnels à l'impôt, se trouvent comprises et votées dans cette loi, ce qui accentue encore l'exacte similitude, en matière de finances publiques, du budget métropolitain et du budget algérien.

Nous disions que le budget ordinaire de l'Algérie se montait, pour 1924, à 400 millions. En 1913, ce même budget se montait à 110 millions. Il apparaît suffisamment au rapprochement de ces deux chiffres que l'excès de l'un sur l'autre n'est dû à peu près qu'à la dépréciation de l'instrument monétaire et qu'en réalité, nous nous trouvons en Algérie, budgétairement, et depuis un certain nombre d'années, en face d'une situation stabilisée.

Il est vrai que cette progression n'a pas suivi uniformément tous les compartiments des diverses dépenses.

Pendant que la dette publique s'est accrue dans la proportion de 1 à 5, à cause de la nécessité d'emprunts nouveaux à des taux autrefois inconnus, pendant que les dépenses d'administration, d'assistance et d'enseignement se sont accrues également dans des proportions qui dépassent aussi la dépréciation monétaire (1 à 7 ou à 5, suivant les catégories), et cela, en partie, à cause de la hausse plus que proportionnelle des frais de matériel (et aussi parce qu'un certain effort a été fourni de ce côté), les dépenses de travaux publics se sont bornées à n'augmenter que d'un peu plus du double. Comme en France même, ce sont ces dépenses, essentiellement productives, qui ont dû malheureusement faire les frais, si je puis dire, du déséquilibre survenu dans les autres catégories de dépenses.

Aujourd'hui, le budget de l'Algérie voit ses dépenses ordinaires se classer de la manière suivante, dans leur rapport avec le total du budget :

Administration générale : environ 27 % (l'Indo-Chine, on s'en souvient : 32 à 33).

Dette publique : 26 %, proportion qui n'a rien de

très anormal, mais qui dépasse considérablement celle de l'heureuse Indo-Chine (10 à 12 environ).

Dépenses d'intérêt économique (travaux publics, postes et agriculture réunis) : près de 30 %. Cette proportion qui, dans l'ensemble, reste inférieure à celle, particulièrement brillante, de l'Indo-Chine (40 à 42 %), lui est surtout inférieure en matière de travaux publics : 90 millions au lieu d'environ 300, mais elle lui est supérieure en revanche en ce qui concerne les dépenses relatives à l'agriculture.

Les encouragements à l'agriculture, et les sacrifices financiers qui en découlent, relativement peu importants et peu nécessaires en Indo-Chine, pays de monoculture extensive et simple, constituent au contraire le remarquable intérêt, la marque spéciale des finances publiques de l'Algérie. Dans aucune colonie au monde, sauf peut-être dans les colonies néerlandaises, l'effort de l'Etat, associé à celui des Banques, et, en l'espèce, surtout à celui de la Banque de l'Algérie, n'a été couronné de plus de succès, en matière agricole, qu'en Algérie. Il ne m'appartient pas, dans cette conférence, de développer l'admirable sujet de la colonisation algérienne, laquelle constitue un des plus extraordinaires résultats de l'activité française, sinon pour indiquer qu'en y comprenant les forêts, le budget ordinaire de l'Algérie lui consacre une somme non inférieure à 35 millions, sans compter, par conséquent, tout ce qui va à cette colonisation agricole par le canal de certains comptes spéciaux : caisses agricoles, coopératives, sociétés indigènes de prévoyance, jardins d'essai et stations expérimentales, etc... sans compter non plus les subventions contractuelles de la Banque de l'Algérie.

Une énumération plus détaillée de ces encouragements serait fastidieuse. Nous nous contenterons, pour fixer nos idées, de nous souvenir que le budget de l'Algérie est caractérisé par son programme agricole, comme celui de l'Indo-Chine était caractérisé par son programme et ses dépenses de travaux publics.

Messieurs, le troisième, en importance, de nos grands budgets coloniaux m'est spécialement connu et m'est spécialement cher, puisque je l'ai, personnellement, vu grandir : c'est le budget du Maroc.

On m'a reproché, avec quelque raison, j'en conviens, de l'avoir poussé en graine un peu vite, puisqu'il était de 17 millions en 1914 et qu'il se trouve de 300 millions aujourd'hui (budget ordinaire seulement), accroissement qui équivaut non point au vingtuple comme il semblerait, car il y a lieu de tenir compte du quadruplement déjà constitué par la dépréciation monétaire, mais, par conséquent, au quintuple et au sextuple, coefficient de progression tout-à-fait extraordinaire pour un laps d'années aussi réduit.

Nous nous rappelons qu'entre 1923 et 1924, le budget indo-chinois a passé, effectivement, de 3 à 5 ; le budget algérien est demeuré stationnaire ; le budget marocain, on vient de le voir, a passé de 1 à 5.

Mon excuse (et nous aurons l'occasion de développer ce point plus loin) est qu'en somme, mon imagination fiscale n'a été pour rien, ou pour pas grand chose, dans cette progression. C'est au développement et à la plasticité extraordinaire de la matière imposable de ce pays que l'on est redevable d'une croissance financière qui n'est pas le reflet d'une croissance de production et d'un essor économique extrêmement, je dirai violemment, rapides.

A la différence du budget algérien, qui est approuvé par une loi, à la différence aussi des budgets coloniaux, qui sont approuvés par décret, le budget du Maroc est simplement approuvé par une décision ministérielle ou même plus exactement, par lettre ministérielle conjointe des Ministres des Affaires Étrangères et des Finances.

Le budget tunisien, dont nous traiterons tout-à-l'heure (et bien que le statut organique de la Tunisie soit identiquement le même que celui du Maroc) n'a pas besoin de cette double approbation, et il se contente d'une lettre des Affaires Étrangères. Il jouit à cet égard, dans le régime budgétaire de nos possessions, du maximum d'autonomie.

Cette différence entre deux Etats placés exactement de la même façon dans leurs rapports de droit avec la métropole, tient à ce que, dès l'origine, le Maroc a fait appel, pour ses emprunts, à la garantie française, ce qui a semblé nécessiter une intervention effective du Ministre des finances dans son organisation budgétaire.

Elle ne tient aucunement, comme on l'a prétendu, à ce que le budget tunisien est soumis aux délibérations d'une conférence consultative ou d'un grand Conseil, puisque le budget du Maroc, de son côté, et depuis six ans (époque où fut pris le dahir réglementant sa comptabilité publique), est lui-même soumis à une assemblée consultative, appelée Conseil de Gouvernement et aujourd'hui composée des présidents et vice-présidents de toutes les Chambres de Commerce et d'Agriculture de la colonie, y compris les sections indigènes, qui, il est vrai, siègent séparément.

Cette initiative, à la fois très libérale et d'une conception très moderne, est due, comme tout ce qui concerne le Maroc, à l'homme dont je suis si fier de saluer ici l'illustre figure, parce qu'elle est celle en qui les étrangers eux-mêmes reconnaissent un des plus grands « coloniaux » de tous les temps, de mon chef et de mon maître : le maréchal Lyautey.

A la vérité d'ailleurs, budget marocain comme budget tunisien relèvent l'un et l'autre et de la juridiction de la Cour des Comptes et du contrôle sur place de l'Inspection Générale des Finances.

Messieurs, ce très rapide aperçu sur l'organisation budgétaire du Maroc terminé, j'en viens à essayer de dégager, comme je l'ai fait pour l'Indo-Chine et l'Algérie, la physionomie des dépenses ordinaires du budget chérifien.

Le budget ordinaire du Maroc se monte, disions-nous, à 300 millions environ (non compris 50 millions de budgets municipaux et un budget annexe d'une importance particulière appelé la Caisse Spéciale des travaux publics, utile vestige de l'Acte d'Algésiras) soit donc, en fait, 370 millions, si nous voulons effectuer un rapprochement utile avec les 780 millions réels du budget indo-chinois et les 460 millions réels du budget algérien.

Il est d'autant plus facile d'y établir la proportion des diverses catégories de dépenses propres à nous intéresser que|ce budget se trouve divisé en six sections respectivement intitulées : dette publique et liste civile, résidence générale, justice et administration générale, services financiers, services d'intérêt économique, services d'intérêt social.

Ces divisions permettent de calculer très aisément qu'au Maroc :

1°) les dépenses d'administration en général représentent (abstraction faite des dépenses militaires) à peu près exactement 30 % du total, proportion à peine inférieure à celle qu'accusait l'Indo-Chine mais avec cette circonstance fort atténuante que le Maroc, eu égard à son organisation politique spéciale, laquelle comporte, vous le savez, le maintien de tout un personnel *maghzen* considérable, résidu forcé de la vieille administration des sultans, supporte ainsi un poids lourd, une sorte de dépense obligatoire par double emploi, de près de 20 à 25 millions.

Si l'on défalquait ce chiffre de nos calculs, c'est à 26% seulement du total que se trouverait réduite la proportion des frais généraux d'administration : c'est, on s'en souvient, exactement celle que nous avions relevée pour l'Algérie.

Le service de la Dette publique absorbe 18 % environ du total du budget, proportion beaucoup plus avantageuse que celle de l'Algérie, qui est de 26 %, mais beaucoup moins avantageuse, par contre, que celle de l'Indo-Chine : 10 à 12 %.

Quant aux dépenses d'ordre économique (travaux publics et agriculture), elles représentent 33 % du total, soit un peu plus que l'Algérie, un peu moins que l'Indo-Chine, avec une distribution raisonnable de ce chiffre entre les travaux publics, d'une part, et l'agriculture, de l'autre.

Si ces sortes de rapprochements ne comportaient toujours quelque chose d'artificiel, je serais donc tenté de dire qu'alors que la prédilection du budget indochinois est tournée vers les travaux publics, la prédilection du budget algérien vers l'agriculture, celle du budget marocain va à peu près également aux deux, toutes choses restant égales quant à l'importance comparée, par nature même, entre ces deux ordres de dépenses.

Signalons la part, également digne d'attention, qu'occupent, dans le budget marocain, les dépenses d'intérêt social : assistance et santé publique d'une part, enseignement de l'autre. A cet égard, l'effort du Maroc est comparable proportionnellement à celui de l'Algérie : 10 à 12 % environ du total des dépenses ordinaires.

Je ne voudrais pas terminer mon aperçu sur les dépenses du Maroc sans rappeler qu'à la différence de l'Indo-Chine et à l'instar de l'Algérie, il existe au Maroc une organisation financière municipale extrêmement importante, plus importante même à proportion qu'en Algérie, en raison des très grands centres municipaux constitués par des villes comme Casablanca, Fez, Marrakech, Meknès et Rabat. Les 15 villes du Maroc érigées en municipalités autonomes représentent un ensemble budgétaire de 50 millions environ, comme je l'indiquais il y a quelques instants.

Avec la Tunisie, nous aurons épuisé la liste des colonies à gros budget.

L'extrême clarté et les détails étendus des documents officiels de ce pays nous permettent de juger aisément de la distribution de ses dépenses.

Le budget tunisien, de l'organisation duquel nous avons dit un mot, se monte, pour 1924, à 220 millions.

Il convient d'y ajouter (et ceci est une autre et fort intéressante particularité du budget tunisien) 10 millions de budgets annexes correspondant à une quinzaine d'établissements (hôpitaux, collèges, fermes modèles, etc...) dotés d'une personnalité civile complète.

Il y a là une tendance à imiter par nos autres budgets coloniaux et qui favorise singulièrement le développement de ces sortes d'institutions.

La Tunisie consacre 16 % environ de ses dépenses ordinaires au service de sa dette (proportion un peu plus favorable que celle du Maroc), 31 % environ à ses dépenses d'administration (proportion sensiblement égale à celle du Maroc et moins favorable que celle de l'Algérie), et enfin 35 % à ses dépenses économiques et sociales, ce qui la place après l'Indo-Chine, mais avant le Maroc et l'Algérie, avec cette caractéristique que les dépenses d'enseignement en occupent une part plus considérable que partout ailleurs : 10 % du budget total.

C'est là, sans aucun doute, la « spécialité » du budget de cet intéressant pays, dont la culture intellectuelle est une des plus brillantes de l'Islam, ce qui ne l'empêche point d'être, en même temps, une colonie extrêmement complète au triple point de vue économique de l'agriculture, de l'industrie et du commerce.

Avec l'Indo-Chine, l'Algérie, le Maroc et la Tunisie, Messieurs, nous avons épuisé la liste des colonies à grand rendement budgétaire.

Dans le total de 2 milliards et demi que nous citions au début de notre exposé, ces quatre grands pays en représentent près de 2.

Nous en venons maintenant aux colonies à moindre rendement, encore que l'Afrique occidentale, dont nous allons parler, avec ses 140 millions de budget ordinaire, offre une transition fort honorable entre ce premier groupe et le groupement des colonies à rendement budgétaire relativement faible.

Le temps que j'ai dû consacrer aux colonies à gros

revenus me limite, à mon vif regret, dans ce que j'aurais voulu vous dire des autres, et spécialement de l'Afrique occidentale française.

Cette importante colonie, la plus étendue, en superficie, de tout notre empire colonial, offre, au point de vue budgétaire, une organisation analogue à celle de l'Indo-Chine : un budget général ou fédéral et une dizaine de budgets locaux, avec cette nuance que les budgets locaux représentent, dans leur ensemble, un total supérieur à celui du budget général et qu'au demeurant (ce qui explique cette particularité) ces budgets locaux semblent pourvoir à des ordres de dépenses plus étendus que les budgets locaux de l'Indo-Chine.

Leur total général (budgets locaux et budget général réunis) atteint environ 140 millions, avec une progression, depuis 1913, qui va de 1 à 3 seulement, légèrement inférieure, par conséquent, à celle de la dépréciation monétaire, ce qui établit *a priori* que cette colonie s'est certainement imposé de sérieuses compressions de dépenses.

Et, en effet, à la suite du fléchissement brutal de ses recettes entre 1913 et 1915, fléchissement dû, pour ce pays lointain essentiellement tributaire du frêt maritime, au bouleversement de la guerre, l'Afrique occidentale a traversé, jusqu'en 1918 environ, une période financière assez dure. Ses dépenses de travaux publics notamment durent être suspendues dans la mesure des 2/3, en sorte que les budgets de l'Afrique occidentale, encore à présent, sont loin de présenter, dans la répartition rationnelle des dépenses qu'ils assurent, les proportions intéressantes des grands budgets que nous venons de passer en revue.

La place occupée, dans cet ensemble budgétaire de

140 millions, par le service de la dette et par les frais généraux d'administration, surtout en ce qui concerne le budget général, est considérable.

Mais nous verrons par la suite que les réserves de cette intéressante colonie sont en train de se rétablir et que l'avenir de ses finances publiques s'annonce sous un jour très favorable.

Rattachons à l'Afrique occidentale française, l'Afrique équatoriale, sa voisine, dont l'organisation budgétaire continue à répondre toujours au même type, fort judicieux d'ailleurs, de la superposition d'un budget général à plusieurs budgets locaux.

Ici, nos ordres de grandeur subissent un nouveau décalage : une quinzaine de millions pour le budget général, autant pour les locaux, soit un total de 30 à 32 millions.

Je passe sur le Cameroun, colonie à mandat, avec son budget, en somme appréciable, d'une vingtaine de millions.

Je cite pour ordre le budget de 4 millions environ de la Côte des Somalis, pour terminer le cycle africain par deux mots sur le budget de Madagascar, dont le montant est d'environ 72 millions, 80 si l'on y joint un budget annexe d'assistance dont les ressources sont affectées par spécialisation.

Ici encore nous constatons, entre 1913 et 1923, une progression qui est loin de correspondre à la dépréciation monétaire et qui témoignerait aussi d'une certaine compression dans les dépenses, si en l'espèce, on pouvait l'attribuer à des difficultés financières. Il semble, en réalité, qu'à cause de son éloignement et de certaines conditions économiques particulières, Madagascar n'ait pas subi à plein la répercussion de la dépréciation monétaire.

En tout cas, son budget présente une vitalité remarquable et une distribution des plus satisfaisantes, avec un service de dette publique modéré, des dépenses d'administration très normales, et une proportion de dépenses économiques et sociales qui nous a semblé, en définitive, la plus favorable après celle de l'Indo-Chine : environ 40 $\%$.

Enfin, Messieurs, voici, sans plus de commentaire, la liste des budgets de nos vieilles colonies d'Amérique, budgets d'ailleurs satisfaisants, mais ne présentant aucune particularité de nature à retenir spécialement notre attention, à l'exception toutefois du budget de la Guyane, qui semble se caractériser par un déficit endémique, dû à la nature spécialement ingrate de cette colonie, dont le sous-sol est riche, mais avec des moyens d'exploitation et des possibilités commerciales fort réduites pour l'instant :

Martinique, environ	22 millions
Guadeloupe	16 »
Guyane	7 »
Saint-Pierre et Miquelon.............	2 »

Je terminerai, Messieurs, par un simple mot sur le contrôle financier dans nos différentes colonies.

L'apurement des gestions par la Cour des Comptes, le droit de vérification de l'Inspection des colonies ou, pour l'Afrique du nord, de l'Inspection Générale des finances sont, l'un et l'autre, communs à toutes nos colonies et possessions.

Quant au contrôle des engagements, il est assuré dans nos colonies proprement dites (Algérie comprise) par une direction spéciale de contrôle à la nomination même du ministre des finances ; et, au Maroc et en

Tunisie, par des organismes intérieurs, propres à la colonie elle-même. Au Maroc, notamment, fonctionne un service de contrôle des engagements extrêmement efficace et qui s'étend, dans une certaine mesure, jusqu'à l'opportunité et à la moralité même de la dépense à engager.

Messieurs, nous venons de parler des revenus, du « train de vie » de nos différentes colonies et de la façon dont ces colonies le comprennent.

Il y a là un indice excellent, le plus clair, le plus immédiatement perceptible, de leur richesse publique.

Mais cet indice n'est pas le seul. Il convient à présent d'examiner leur « situation de fortune » proprement dite, le montant de leurs avoirs de réserve, l'importance de leur patrimoine domanial ; également et par ailleurs, la situation de leur dette.

Nous avons appris sur les bancs de cette Ecole que le patrimoine, comme, dans une certaine mesure, le passif des Etats, n'avait pas, dans l'idée qu'il y a lieu de se faire de leur économie générale, l'importance qu'il présente dans l'appréciation de la situation d'un particulier.

Il en a une cependant, en ce moment surtout, et de nature à compléter en tout cas les indications qui ont pu nous être fournies par l'examen des budgets ordinaires de nos colonies.

A la vérité, il ne nous sera pas toujours facile, dans cet exposé, de fournir de grandes précisions sur le domaine immobilier de nos colonies. Les documents officiels sont assez avares d'indications sur ce point, pourtant plein d'intérêt ; mais aussi bien la situation de l'avoir de réserve, disponible ou placé, suffira-t-elle à nous renseigner sur l'importance de l'actif financier de nos diverses colonies.

Plusieurs de nos possessions coloniales présentent une situation des plus remarquables comme actif de réserve.

L'Indo-Chine tient encore la tête avec un avoir en portefeuille de plus de 100 millions en valeur d'achat (il convient, étant donné la nature des valeurs qui y figurent, de réduire approximativement ce chiffre à 80) et une somme liquide de 14 millions.

Cet avoir considérable provient des excédents ininterrompus du budget de l'Indo-Chine depuis 1911 et, comme nous le disions d'autre part, du jeu, spécialement avantageux dans ces dernières années, de la piastre. C'est ainsi qu'au lendemain de la convention monétaire de 1920, dont nous aurons l'occasion de redire un mot, le portefeuille de l'Indo-Chine a pu passer brusquement de 34 à 120 millions, pour redescendre ensuite aux chiffres que nous avons indiqués.

Ajoutons à ce bel actif de réserve un chemin de fer d'Etat dont l'exploitation n'a *jamais été déficitaire* depuis 1912 et qui comporte 24 millions de recettes, et nous aurons ainsi une idée nouvelle de la prospérité de l'Indo-Chine.

Au surplus, et en face de cet actif, encore accru d'un domaine forestier intéressant, se place une dette publique singulièrement modérée, puisqu'elle n'atteint pas, au total, 400 millions de francs, non compris certaines garanties d'intérêts secondaires. Cinq grands emprunts forment les éléments principaux de ce total :

1893 ....   200 millions
1896   80   »
1909   53   »
1912   90   »
1922 (en piastres)....................   50   »

Les quatre premiers emprunts ont été contractés en France, sous le couvert de la garantie française.

Le cinquième (particularité remarquable et fait unique dans l'histoire de nos colonies) a été *purement intérieur*, ce qui atteste l'enrichissement privé de l'Indo-Chine.

Il est hors de doute que le fait, pour l'Indo-Chine, d'avoir pu contracter la plupart de ses grands emprunts d'outillage *avant la guerre* a placé cette colonie dans une position étonnament avantageuse et qui explique la modération de sa dette.[1]

C'est l'inverse qui s'est produit pour le Maroc qui, en dépit de ce facteur défavorable, semble venir en seconde place dans la liste de nos colonies à gros actif.

En effet, et malgré la progression exceptionnelle de ses masses budgétaires depuis huit ou dix ans, le Maroc, après avoir soldé en léger déficit ses deux premiers exercices (1914-1915) n'a pas cessé, depuis cette époque, de voir ses budgets se régler par des excédents considérables. L'exercice 1920, notamment, a présenté 67 millions d'excédent (dont 15 ont été immédiatement affectés à combler le déficit d'un compte provisoire de ravitaillement). 67 millions d'excédent pour un budget, alors, de 270 millions constituent un résultat que je crois sans précédent. Actuellement, c'est encore entre 4 et 12 millions que se soldent les budgets en cours, en dépit des subventions excessives (je n'hésite pas à les qualifier ainsi) qui sont imposées au Maroc par le

Parlement, comme contribution aux dépenses de guerre ; en dépit, également, d'une crise qui pèse sur ce pays, plus durement peut-être que dans les autres, et qui est un peu la rançon de l'intensité de son premier développement.

Ces excédents accumulés ont servi à la constitution d'un avoir de réserve qui, malgré plus de 100 millions de prélèvements successifs pour des travaux d'intérêt général, présentait encore, à la fin de 1922, 27 millions en rente française (valeur du jour) et 31 millions d'avoir disponible, soit 58 millions environ d'actif libre ou réalisable.

Au cours de 1923, la Métropole s'est emparée un peu brusquement d'une partie de cet actif, à titre de contribution spéciale à ses charges militaires, et il se trouve aujourd'hui réduit d'une vingtaine de millions.

En outre de cette fortune mobilière fort appréciable, le Maroc possède un domaine immobilier et forestier dont le rendement annuel est déjà intéressant et dont la valeur, très prudemment calculée, ressort à un demi-milliard au moins, domaine sur lequel près de 100.000 hectares cultivables auront été livrés à la colonisation à la fin de 1924, à des prix plus que raisonnables.

Enfin, je ne puis laisser sous silence, dans cet exposé, la part d'actif domanial d'une richesse exceptionnelle (et que je n'ai pas comprise dans mon calcul de tout à l'heure) que représentent les fameux phosphates de l'État chérifien.

Ces phosphates, vous ne l'ignorez pas, et vous en savez les raisons, sont exploités *en régie d'État*, mais sous la forme, inconnue jusqu'ici, dans les régies de cet ordre, d'une exploitation industrielle et commerciale *purement privée* : aucune intervention de la Cour des Comptes ni des règles du décret de 1862, une direction responsable, un Conseil d'Administration, un Comité permanent, des commissaires aux comptes, des bilans annuels, un capital constitué par une dotation de 36 millions versée une fois pour toutes par l'Etat, lequel se trouve, en somme, n'être ni plus ni moins que l'unique actionnaire, mais *l'actionnaire* véritable de la Société, au sens rigoureux du mot.

Actuellement les bénéfices des deux premiers exercices sont allées aux amortissements usuels et à la réserve. L'ère des dividendes ne commencera vraisemblablement qu'en 1928 ou 1929.

Messieurs, les enseignements que j'ai reçus dans cette salle même ne m'ont pas prédisposé à l'étatisme industriel. J'ose dire cependant que le Maroc fournit là une expérience tout à fait remarquable et nouvelle, une expérience d'un certain courage, et qui mérite tout l'intérêt et tout le crédit des milieux doctrinaux de la finance et de l'économie politique.

Mais, si l'actif de réserve et le domaine du Maroc offrent une situation proportionnellement comparable, en somme, à celle de l'Indo-Chine, je ne puis en dire autant de sa dette publique.

A la différence de l'Indo-Chine, c'est *depuis la guerre* que le Maroc a dû effectuer son gros effort d'outillage. En outre, il a recueilli des mains de l'ancien maghzen une dette, essentiellement improductive (car elle n'avait servi qu'aux besoins indéterminés des sultans) de plus de 160 millions, avec cette circonstance douloureuse que l'emprunt de 1910 est remboursable et amortissable, au gré du porteur, en francs ou en piécettes espagnoles... Ai-je besoin de dire que le porteur n'hésite pas ? mais que, de son côté, et à la différence de nombreux pays débiteurs de porteurs français, le Maroc n'a pas hésité non plus à faire honneur à sa signature et à payer, comme il le fait en ce moment, 16 à 17 millions de service annuel pour 100 millions de capital, et d'un capital inutile... Ce poids mort est un des soucis des plus cuisants de celui que sa charge contraint à asseoir annuellement l'équilibre du budget chérifien !...

Au total, la Dette publique directe du Maroc est de 700 millions en capital, ce qui constitue un chiffre élevé, sans doute, mais aucunement en disproportion avec 300 millions de ressources budgétaires ordinaires et une situation financière excellente.

En dehors des vieux emprunts de 1904 et de 1910, cette masse d'emprunt a été contractée avec la garantie française, mais il est inutile d'ajouter que celle-ci n'a jamais eu à jouer.

Pour être complet, j'ajouterai que le Maroc a garanti les emprunts de la Société concessionnaire de ses chemins de fer (environ 500 millions) et qu'il paie, sur la caisse spéciale des Travaux publics, les annuités d'emprunt des ports de Kénitra et de Rabat.

L'Algérie ne nous offre pas, pour l'appréciation de son actif de réserve, les mêmes clartés que l'Indo-Chine et le Maroc, et vous m'excuserez, sous peine de traîner en longueur un exposé déjà passablement long, de ne point entrer dans la série de détails complexes qui aboutit à évaluer à environ 75 millions la situation de son fonds de réserve.

Ce chiffre lui-même, au demeurant, est sujet à quelque caution, car il est malaisé de déterminer dans quelle mesure il ne se trouve point frappé par avance d'affectation, en tout cas rendu peu disponible, par la persistance, à la fois, d'un *déficit ferroviaire* sérieux et d'un découvert budgétaire afférent aux derniers exercices (celui de 1922 a atteint 20 millions).

Depuis 1914, pour ne pas remonter plus avant, le budget algérien a passé par de nombreuses alternatives de déficit et d'excédent, déficit de 1914 à 1917, excédent de 1918 à 1921, redéficit en 1922 et en 1923, en sorte que son fonds de réserve de 1913 (113 millions environ), grevé en outre du déficit des chemins de fer, se trouve, au total, avoir sérieusement fléchi, bien qu'au lendemain de 1921, il ait semblé dépasser jusqu'à 200 millions.

En tout cas, ces considérations attestent l'excellence et l'utilité de ce mécanisme des avoirs de réserve, lequel est propre à toutes nos colonies sans exception et qui, prudemment conduit, constitue la meilleure des assurances, le meilleur des volants budgétaires, à la condition que la Métropole (nous allons y venir) n'ait point une tendance à oublier qu'il appartient logiquement à la colonie.

Le domaine d'Etat de l'Algérie, surtout le domaine forestier, est d'une grande valeur et fournit un rapport brut de plus de 16 millions.

Quand à la dette publique de l'Algérie, elle est élevée, plus élevée même, à proportion, que celle du Maroc, sans qu'on puisse considérer davantage qu'elle excède, par rapport aux chiffres de son budget ordinaire, ses facultés de paiement normales.

Cette dette, qui emporte encore la réalisation de tranches importantes, atteint pour l'instant plus de 900 millions, pour un budget, nous nous en souvenons, de 400.

Messieurs, permettez-moi de passer plus rapidement sur l'avoir de réserve et la dette publique de nos diverses autres colonies, mais assez cependant pour vous montrer que, dans leur ensemble, ces colonies sont administrées avec une réelle prudence et que leur situation est « nette ».

La Tunisie, pour un budget de 220 millions, a un actif de réserve assez réduit (car elle a dû l'entamer pour équilibrer son dernier budget), mais, en revanche, une dette fort modérée : 490 millions. En Afrique occidentale, les réserves sont également faibles en ce moment (10 millions), après l'avoir été bien davantage entre 1914 et 1920, (mais elles se reconstituent), et la dette est légère : 140 millions.

En Afrique équatoriale, réserve nulle, car nous avons vu que cette colonie avait épuisé son avoir et fait même appel aux subventions de la Métropole, mais, par contre, une dette qui n'a rien d'excessif (60 millions).

A Madagascar, 15 millions de réserve, 105 de dette. On ne peut qu'insister sur l'excellente situation de cet avoir de réserve et de cette dette qui placent, l'un et l'autre, cette colonie dans une des meilleures situations financières qui soient. En outre, son domaine est fort beau.

Nos autres colonies jouissent d'avoirs de réserve plus ou moins importants, parmi lesquels il convient de faire une mention spéciale à celui de la Martinique qui, pour un budget de 21 millions et une dette exeptionnellement faible (5 millions), atteint et dépasse 10 millions environ.

Mais certains autres de ces avoirs de réserve secondaires ne sont qu'apparents, car les colonies qui les accusent ou bien bénéficient de subventions régulières de la Métropole : c'est le cas de Saint-Pierre et Miquelon, ou bien se trouvent en posture de déficit budgétaire, comme la Nouvelle Calédonie et la Guyane.

A ces faibles exceptions près, on peut conclure que ce que nous appelions, au début de cette partie de notre exposé, la « situation de fortune » de nos diverses colonies, actif et passif, est des plus favorables et qu'elle témoigne, en outre (vous me permettrez d'insister sur l'un et l'autre de ces deux points, parce qu'à ma surprise, bien des milieux, en France, sont à cet égard en butte à d'étranges erreurs) d'une gestion prudente, raisonnable, économe et d'un souci de l'intérêt et des deniers publics que je souhaite volontiers à tous les Etats européens.

Messieurs, j'en viens à la 3ᵉ division de la partie de mon exposé qui a trait aux finances publiques coloniales.

Nous avons vu, en premier lieu, à combien se montaient nos budgets coloniaux et à quoi ils servaient principalement.

Nous avons examiné ensuite le bilan, par actif et passif, de ces mêmes colonies.

Il nous reste à nous informer de la façon dont ces budgets s'alimentent et à quelles sortes de ressources ils font appel. Après l'aperçu *budgétaire*, après l'aperçu *patrimonial*, nous voici à l'aperçu *fiscal* des finances publiques de nos colonies.

Ici, Messieurs, j'essaierai de vous faire grâce du recommencement d'une analyse souvent monotone, et je me permettrai d'autant mieux de procéder par lignes générales qu'en définitive, le système fiscal de nos colonies, de toute colonie, demeure forcément un peu le même et se caractérise, dès l'abord, par une prédominance marquée des impôts à forme indirecte, caractérisque, nous le savons, de toute organisation fiscale encore forcément rudimentaire et où le souci de l'équilibre budgétaire passe avant celui de la stricte équité fiscale.

Pourtant cette large prédominance des impôts indirects est plus ou moins accusée suivant les colonies et, partout, en outre, elle a une tendance à s'affaiblir, avec le perfectionnement du système de perception et des procédés de recensement, et l'éducation progressive des populations sujettes.

Déjà, en Indo-Chine, le produit cumulé des douanes et des contributions indirectes n'atteint pas tout à fait le double seulement du produit de l'impôt direct. Et encore comprenons-nous dans les contributions indirectes les trois monopoles de vente de l'opium, du sel et de l'alcool qui constituent la marque essentielle, la particularité distinctive du régime fiscal indo-chinois. Le seul monopole de l'opium rapporte plus de 170 millions.

A oberver, en passant, que l'Indo-Chine tire plus de 190 millions de son portefeuille de réserve et de l'exploitation de ses chemins de fer, concédés ou gérés directement.

Dans les trois grandes possessions de l'Afrique du Nord, on peut évaluer à environ le triple ou le quadruple le rapport des impôts indirects aux impôts directs, en comprenant le produit des tabacs dans les impôts indirects.

Mais, ici, des différences profondes séparent, une fois cette comparaison uniforme établie, le régime fiscal des trois pays.

En Algérie, où fonctionne, à peu de chose près, le régime métropolitain : impôt foncier ou agricole relativement faible, sévérité, à l'inverse, du système des impôts sur les revenus, sur les bénéfices commerciaux, sur le luxe, sur les valeurs mobilières, sur les successions, toutes formes d'impôts encore peu ou point employées chez ses voisines. Nous sommes dans un pays déjà très majeur, en mesure de s'adapter dès à présent au mécanisme fiscal d'un pays européen.

Au Maroc, impôt agricole très lourd, suivant les traditions léguées par l'Islam (il fournit 70 millions pour une population, exclusivement agricole, de 4 millions d'âmes et pour un total d'articles de rôle ne dépassant pas 600.000). Par ailleurs, une douane strictement fiscale de 10 % *ad valorem*, épousant, avec une parfaite souplesse, la variation des prix des choses. Enfin, comme particularité extrêmement curieuse, un impôt sur le sucre, dépassant les taux de France eux mêmes, et rapportant 45 millions par an, ce qui témoigne d'une consommation formidable de 70.000 tonnes par an (près de 18 kilogrammes par habitant !) L'impôt sur le sucre est réellement le « caissier naturel » du budget marocain. On a pu, au cours de ces dernières années, le porter de 20 centimes à 55 centimes le kilogramme (1 fr. 20 avec la douane) sans avoir vu la consommation, dans les bonnes comme dans les mauvaises années, baisser d'une seule tonne.

Enfin, en ce qui concerne toujours le Maroc, je signale l'intérêt d'une taxe progressive sur la plus value immobilière, qui va jusqu'à 30 % de l'enrichissement acquis et qui constitue, je crois, le seul impôt de l'espèce figurant dans notre législation fiscale française et coloniale. Cette taxe, éminemment morale et équitable, permet de maintenir à 5 °/₀ seulement le taux des droits de mutation immobilière.

La Tunisie se caractérise, elle, par le rendement proportionnellement énorme de sa régie des tabacs, qui fournit 50 millions à son budget de 220 millions, alors que le Maroc, sous un régime de régie cointéressée où il se taille une part de plus de 80 °/₀, ne tire que 20 millions de ce produit, pour une population double de celle de la Tunisie. (L'Algérie, par le moyen d'un fort impôt à la consommation, n'en tire, pour sa part, que 35).

La Tunisie semble d'ailleurs, parmi nos diverses colonies, et malgré de récentes augmentations d'impôts, celle dont le régime fiscal, direct comme indirect, est le plus modéré, ce qui est un indice assez probant de la santé et de l'aisance de ses finances publiques.

Messieurs, à part les considérations d'ensemble par lesquelles j'ai commencé, je ne vois rien qui puisse retenir spécialement notre attention dans la fiscalité de nos autres colonies, sinon cependant que, par une sorte de contradiction apparente avec ce que je vous disais de la prédominance de l'impôt direct dans le budget de la plupart d'entre elles, cette prédominance semble moins marquée qu'en Afrique du Nord et même qu'en Indo-Chine dans celles de nos colonies qui représentent un stade moins avancé dans l'organisation budgétaire et fiscale : Afrique occidentale, équatoriale, Madagascar et d'autres.

Mais cela tient à ce que l'impôt direct y est surtout et généralement constitué par une capitation uniforme ou par des tributs collectifs, formule fiscal plus voisine, quand on y réfléchit, en bonne doctrine, du type de l'impôt indirect que du type de l'impôt direct, puisqu'elle tend à assimiler le contribuable lui-même à une sorte de marchandise susceptible de fournir un même et égal rendement spécifique.

Sans aucun doute, avec les progrès de notre administration, cette formule de la capitation tendra à disparaître, et toutes nos colonies s'orienteront progressivement vers le système fiscal déjà en usage dans nos colonies du premier degré, avant d'aboutir, en fin de compte, au régime que j'appelerai européen, déjà en partie fixé en Indo-Chine et en Algérie, et où, petit à petit, les ressources budgétaires viennent chercher une partie notable de leur assiette, non plus dans la consommation des *choses*, mais dans le revenu réel des *personnes*.

Messieurs, voici terminé mon exposé, bien sommaire malgré sa longueur, des finances publiques de nos colonies.

Vous avez pu constater, au cours de ce développement dont certains détails, si arides qu'ils fussent, étaient nécessaires :

1° Que la situation financière de nos colonies est, dans l'ensemble, et quoi qu'en pensent encore, par une sorte de vitesse acquise, quelques adversaires attardés de notre expansion coloniale, des plus satisfaisantes ;

2° Que nos colonies, sauf à peu près une seule exception et que j'ai tout lieu de croire passagère : l'Afrique équatoriale, suffisaient elles-mêmes à leur vie propre ; qu'elles assuraient leur existence, le service de leur dette, les travaux de leur outillage économique, tout leur train d'Etat en somme, au moyen de leurs ressources propres, et sans plus recourir, comme certaines ont pu le faire au début (et encore, souvenons-nous que quelques-unes d'entre elles : l'Indo-Chine, le Maroc, par exemple, n'y ont jamais eu recours...) — sans plus recourir, dis-je, à l'aide financière de la Métropole.

Une conclusion jaillit normalement de cette double constatation : il faut que nos colonies jouissent de leur pleine et entière indépendance budgétaire et financière. Il faut que, maintenant qu'elles sont entrées, par l'appui de la Mère Patrie, mais aussi par leur sagesse, par leurs efforts, dans leur majorité, au sens juridique du mot, elles jouissent intégralement du privilège essentiel de cette majorité, et qu'elles demeurent maîtresses de leurs intérêts, de leurs gains, de leurs ressources, comme elles sont, par ailleurs, comme elles doivent être responsables de leur mauvaise gestion. Sorties de tutelle et quelque gratitude qu'elles doivent à leur grande tutrice, il ne faut pas, pour le bien même de celle-ci, qu'elles aient, si j'ose dire, leur tutrice à payer.

Excusez-moi de m'être servi ici de termes qui dépassent un peu ma pensée, mais j'ai conscience, après sept années d'administration financière dans la plus jeune et, je crois, la plus précoce de nos colonies, que la Métropole commet une grave erreur en prétendant aujourd'hui (la tendance n'est malheureusement que trop certaine) taxer les colonies dites *riches* au profit de son propre budget et leur imposer, sous la forme ou le prétexte d'une contribution militaire, des charges qui ne ressemblent, en définitive, *qu'à un tribut.*

Je ne veux point sortir des bornes de mon sujet. Je ne veux point insister sur l'illogisme moral ou sentimental de ce nouveau et dangereux point de vue. Je pourrais dire que les dépenses d'expédition, de conquête, de pacification, de garnison même, ne sont point une affaire coloniale, mais une affaire nationale, et que le tribut militaire de nos colonies, ce n'est point leur argent, c'est mieux que cela : ce sont leurs *hommes*, mais ce ne doit pas raisonnablement être le tout ensemble, car ces hommes, ne l'oublions pas, ne sont point des Français de France.

Non, mais, à un point de vue purement économique et financier, je puis affirmer (et je crois être en bonne compagnie) qu'une pareille tendance risque d'énerver l'effort fiscal de nos colonies, d'y tuer l'esprit d'initiative, lorsqu'elle n'aboutit pas, purement et simplement (comme c'est le cas du Maroc) à enrayer d'une manière décisive, radicale, l'exécution d'un programme de travaux absolument indispensable.

Comme je ne voudrais point paraître soutenir une thèse par trop... professionnelle, je vous demande la permission de vous lire ces quelques lignes d'un de nos économistes les plus avertis, M. Edmond Théry :

Un certain malaise moral affecte en ce moment les milieux coloniaux, qui croient discerner au Parlement une renaissance fâcheuse des conceptions mercantilistes en honneur sous l'ancien régime...

La décision récemment prise par la Commission sénatoriale des Finances de proposer que soit triplée la part contributive des colonies au frais d'occupation militaire soulève les plus véhémentes protestations : cette surchage, remarque-t-on, sera très lourde pour les budgets relativement modérés de nos possessions sans apporter un soulagement réel au Trésor Métropolitain ; elle apparaît, du reste, d'autant plus intolérable que, en exécution des nouvelles lois, toutes nos populations jaunes et noires vont se priver du meilleur de leur main-d'œuvre pour nous envoyer un nombre considérable de jeunes recrues.

Ces mesures et ces projets laissent l'impression que beaucoup de nos législateurs veulent tirer le plus grand profit immédiat des colonies au bénéfice de la France continentale, sans souci de leur avenir propre et sans se préoccuper des répercussions qu'une telle politique aurait sur leur développement futur.

De très regrettables malentendus pourraient en résulter : il importe de les prévenir en ne perdant pas de vue les principes que M. Sarraut s'efforce si courageusement de faire admettre dans les conseils gouvernementaux.

Il est essentiel, d'abord, que tous, dans ce pays, se pénètrent de la nature réelle de notre domaine d'outre-mer ; celui-ci ne saurait être considéré comme un ensemble de propriétés médiocres, bonnes tout juste à être exploitées hâtivement jusqu'à épuisement total ; c'est, au contraire, un bien inestimable, qu'il faut ménager et qui représentera un capital de plus en plus considérable si nous l'administrons avec méthode et prévoyance : pour en obtenir le rendement optimum, il convient de constituer autant d'économies solides et vivantes que nous avons de colonies.

Ces économies formeront, à la longue, un complément précieux de l'économie métropolitaine sur laquelle elles s'appuieront et à qui, en même temps, elles apporteront un surcroît d'activité : mais ce résultat ne sera obtenu que si nous facilitons l'évolution et le développement de chacune d'elles en pratiquant une politique réfléchie et stable, adaptée aux conditions locales, tenant compte de la situation géographique, des ressources du sol, de la mentalité des habitants, etc.

Cette politique implique une collaboration permanente du Gouvernement central et les Administrations responsables de la prospérité des diverses parties de la plus grande France : à vouloir résoudre au Parlement, par voie d'amendements improvisés, sans l'avis de personnalités compétentes, des questions qui concernent directement nos territoires lointains, on risque de décourager les initiatives indispensables à leur mise en valeur.

L'expérience faite aux xviie ou xviiie siècles du « pacte colonial » par toutes les puissances d'Europe comporte un enseignement qu'il serait dangereux d'oublier.

Ce n'est point à dire, certes que nous devions tout donner à nos colonies sans rien leur demander en retour ; mais il faut établir dans les rapports mutuels de la Mère Patrie et de ses dépendances un juste équilibre.

Notre éminent ministre des colonies sait mieux que personne dans quelles limites cette aide réciproque peut être donnée en chaque branche de la vie économique et sociale : nous espérons que sa voix autorisée sera écoutée, à la Chambre comme au Sénat...

La voix si autorisée du grand « colonial » qu'est M. Sarraut, Messieurs, n'a pas été entendue, et, à l'heure présente, presque toutes nos colonies, jusqu'à celles dont la situation financière, quoique bonne, exige certains ménagements, comme l'Afrique occidentale, se voient *tarifées*, dans des proportions souvent très lourdes, au titre d'une prétendue participation aux charges militaires :

L'Indo-Chine, 30 millions ; le Maroc, 26.350.000 ; l'Algérie, 23 ; l'Afrique occidentale, 3 ; Madagascar, 2, et ainsi à l'avenant.

Mais l'Indo-Chine, et surtout le Maroc, paraissent détenir, en l'espèce, un record douloureux.

Il ne faut pas perdre de vue, en effet, qu'en outre de la contribution qu'elles versent effectivement au budget métropolitain, ces deux colonies ont pris, par ailleurs, à leur charge directe, un grand nombre de dépenses militaires, en sorte que le chiffre de leur contribution se trouve aisément doublé par l'ensemble de leur participation de fait, directe ou indirecte.

L'Indo-Chine subit ainsi plus de 58 millions et demi de charges militaires, soit 8 $^0/_0$ des ressources totales de ses budgets.

Le Maroc en supporte plus de 45 ; soit 14 $^0/_0$ de son budget, et d'un budget ayant dix ans d'existence...

La situation de cette dernière colonie est, à cet égard, spécialement critique, puisque, hors d'état de prélever désormais ce tribut sur ses ressources ordinaires, elle a dû entamer, pour y faire face, son fonds de réserve jusqu'à concurrence de 20 millions environ. Elle est à la veille peut être de se voir contrainte de liquider une portion de son portefeuille de rentes françaises pour parvenir à satisfaire les exigences répétées de la Métropole... Il est difficile d'imaginer une politique coloniale plus périlleuse, au point de vue économique et financier.

Car, ainsi que le disait, il y a un an, un article fort judicieux du « Temps » :

« Réduire les disponibilités budgétaires des colonies revient à diminuer les crédits qu'elles doivent consacrer à leur mise en valeur, ce qui, par voie de conséquence, peut entraîner la Métropole à prélever un jour, elle même, sur son propre budget des ressources devenues nécessaires ».

Voilà l'exacte vérité. Pour la traduire par un exemple matériel et singulièrement frappant, le Maroc, s'il n'avait été forcé, en quatre ans, de 1920 à 1924, de verser près de 70 millions au budget de la guerre, eut grandement avancé, à l'heure qu'il est, un programme d'hydraulique susceptible de rapporter à la France d'autres avantages, et autrement précieux, que celui de noyer quelques millions dans un budget de 24 milliards. Ces avantages s'appellent : le blé et la viande. Si l'on veut que nos colonies comblent à brève échéance (et cela est fort réalisable) le déficit alimentaire de la France, il ne faut pas que celle-ci songe aussi hâtivement et aussi vainement à leur demander de combler son déficit financier. La vraie richesse est dans la production, et c'est méconnaître cette vérité première que de pratiquer, à l'égard des colonies, une politique étroite de récupération et de remboursement.

Est-ce, au demeurant et dans une mesure aussi forte que l'on s'imagine, une politique de remboursement ?

Nous connaissons, nous autres coloniaux, l'antienne des « colonies qui coûtent cher ». Elle n'a jamais résisté à un raisonnement sérieux, mais elle résiste mal également à des calculs positifs.

Je n'en veux pour preuve que l'exemple du Maroc, et je terminerai sur quelques chiffres cette partie de mon travail.

Le Maroc passe, Messieurs, pour avoir *coûté* à la France des sommes énormes. Quelles sont ces sommes ? Les gens qui en parlent s'en font-ils une idée exacte ?

Depuis 1907, la France a dépensé, au Maroc, pour ses dépenses d'occupation et de pacification, 3 milliards et demi. Cette pacification tire au reste à sa fin.

Est-ce à dire que ces sommes aient été dépensées pour le Maroc et à cause de lui ? Je me suis attaché, dans un long et minutieux calcul, effectué d'accord avec l'Etat-Major du Commandant en chef, à dégager dans ce total ce qui correspondait à des dépenses de simple garnison, que la Métropole eut effectuées à Angers ou à Poitiers, si le Maroc n'avait pas existé.

Cette part des 3 milliards et demi atteint 64 % soit 2 milliards 3.

Le Maroc a donc effectivement « coûté » (et c'est fini) 1 milliard 200 mille francs, et de francs d'aujourd'hui, puisque le gros effort aura été fourni contre 1919 et 1924.

Je disais, dans un document presque officiel, que c'était là le prix de *cinq journées de guerre* et que l'emplette ne me paraissait pas désavantageuse. Je me permets de maintenir mon opinion.

Vous m'excuserez, dans cette partie de mon étude, d'avoir pris un peu spécialement et avec quelque insistance le Maroc pour exemple. Mais c'est qu'il fournit, fort malheureusement, pour illustrer la thèse de l'autonomie financière des colonies et du danger de ces sortes de contributions matriculaires, brusquement mises à la mode depuis trois ou quatre ans, la plus pénible et la plus typique des illustrations.

Ainsi donc, et en résumé, Messieurs, nécessité indispensable d'une totale autonomie financière de nos colonies. Que leurs ressources soient à elles, que leurs efforts aillent à elles, que l'on accentue cette tendance jusqu'à laisser naître et se développer chez elles, au besoin, un certain particularisme d'intérêts matériels qui n'a fait aucun mal à l'Algérie, par exemple, et qui nuira encore moins, j'en ai la conviction, à la France elle-même!...

J'irai plus loin. Que la Métropole pousse encore plus avant la conception que je me permets de préconiser. Il resterait encore, entre nos colonies et elle, un cordon ombilical qui est la garantie nationale fournie aux emprunts coloniaux. Qu'il soit à l'avenir délibérément coupé. Les colonies françaises peuvent et doivent désormais emprunter *sous leur seule garantie*, ou, comme le proposait si éloquemment, M. Albert SARRAUT dans son projet d'emprunt commun, sous une garantie *solidaire*. Aucune colonie n'est en mesure, hors l'opulente Indo-Chine et l'Algérie, de songer à des emprunts intérieurs, mais le marché français (dix exemples l'attestent, ainsi que la faible différence de cours qui sépare les emprunts coloniaux garantis par la France des quelques uns qui ne le sont pas) prêtera volontiers à un groupement syndical des colonies françaises.

Donc, encore une fois, libérer les colonies de l'aide financière *de* la Métropole comme aussi de l'aide financière à la Métropole, les émanciper totalement, les intéresser ainsi puissamment à leur développement propre : tel est le programme de l'avenir... Il faut mal connaître les milieux de nos Français d'outre mer pour ne point se rendre compte de la rapidité avec laquelle ils se passionnent pour leur seconde et lointaine patrie et du découragement qui s'empare d'eux, lorsqu'ils ont le sentiment de ne point voir servir leur sacrifices fiscaux à l'amélioration toujours plus grande de la colonie qu'ils ont comblée de leur travail et de leurs peines...

La prospérité rapide de notre empire colonial, si admirablement « parti » actuellement, est fonction directe d'une autonomie financière absolue, et l'intérêt bien compris de la France est fonction de cette prospérité.

Nous avons dit précédemment qu'alors que nous étions partisans, dans l'intérêt même de la Métropole, d'une politique budgétaire coloniale à tendances rigoureusement autonomes, nous estimions, par contre, qu'au point de vue monétaire, la France devait tendre autant que possible à placer ses colonies dans la dépendance aussi étroite que possible de son régime national.

Cette dépendance monétaire constitue d'ailleurs une des caractéristiques de la politique financière de la France vis à vis de nos colonies. Aucun autre pays n'a encore tenté cette sorte d'impérialisme particulier qui aboutit à un système extrêmement efficace de protection en faveur du commerce national. Pendant la guerre, l'Angleterre, aux Indes et en Egypte notamment, a beaucoup souffert, commercialement, d'une discorde monétaire qui agissait plus d'une fois à l'inverse de ses intérêts économiques et qu'elle a été contrainte, en fin de compte, de faire cesser dans des conditions analogues à celles que la France avait adoptées déjà depuis longtemps à l'égard de ses colonies.

Nous ne songeons aucunement à généraliser à

l'excès un système que nous croyons bon dans son principe et dans son ensemble. Il est aisé d'admettre, en particulier, que le cas de l'Indo-Chine, que nous aborderons tout à l'heure, est tout à fait spécial et qu'il ne soit pas aisé de le régler à la façon dont l'a été celui, analogue en apparence, du Maroc.

Ce qui est certain, c'est que *le procédé du compte-courant* avec le Trésor public, né en Algérie il y a une vingtaine d'années, aujourd'hui pratiqué en Tunisie, au Maroc, et, avec des modalités à peine différentes, en Afrique occidentale, à Madagascar, aux Antilles — que ce procédé, dis-je, en associant étroitement, dans la bonne comme dans la mauvaise fortune, la monnaie locale à la monnaie nationale, joue comme un très puissant moyen d'expansion économique française. L'absence de tout change entre les pays qui le pratiquent et la France favorise la conclusion des contrats avec la Métropole, écarte insensiblement le commerce local des commerces étrangers. Cette unité monétaire, c'est un peu comme la langue du pays conquérant ou protecteur qui s'insinue dans la colonie. Compter en francs, c'est déjà, si je peux dire, *parler français*. Et aucune preuve plus éclatante ne peut être fournie de cette vérité que ce qui s'est passé au Maroc entre 1917 et 1919, et sur quoi nous reviendrons dans un instant.

Nous disions que la naissance de ce système d'alliance monétaire entre la Colonie et la Métropole était due à l'Algérie.

Il est intéressant, à cet égard, de lire l'article que mon collègue. M. Avenol, écrivait dans la Revue des Sciences politiques, en novembre 1916.

Cet article ne fournit point seulement un utile historique de la question, il trace avec une parfaite clarté le mécanisme ingénieux, grâce auquel le franc algérien et le franc de France se trouvent liés l'un à l'autre sans jamais rien redouter des fâcheux écarts du change.

En somme, tout ce mécanisme repose sur le délai indéterminé qui est consenti par le Trésor public français vis à vis des règlements que la colonie, par l'entremise de sa banque émettrice, aurait à lui faire (c'est le cas où la Colonie, par l'effet de sa balance avec la Métropole, serait débitrice de cette dernière) soit, inversement, par la Banque au Trésor public, dans le cas où la balance des capitaux se trouvant favorable à la Colonie, celle-ci deviendrait à son tour créancière du Trésor.

Cette autorisation réciproque *de ne point se régler* neutralise la possibilité d'un change entre la Colonie et la Métropole, et permet ainsi au franc colonial de circuler avec la même valeur de fait que le franc français.

Je n'ai pas besoin, sans entrer plus avant dans le détail de ce jeu financier, de vous dire que, dans l'hypothèse tout au moins, d'un débit à la charge de la colonie ou, plus exactement, à la charge de la Banque, celle-ci, dont le bénéfice d'émission se trouve accru, a un intérêt conventionel progressif à verser au trésor.

En somme, et pour ne traduire l'opération que par son côté extérieur, lorsqu'un commerçant de la Colonie a une remise à faire sur France, il n'a pas besoin de se demander à quel prix il l'obtiendra. Soit qu'il prenne un mandat à la Poste elle-même, soit qu'il réclame à la Banque un chèque sur Paris, il n'aura, sous réserve d'une mince commission, qu'à verser, franc pour franc, une somme de monnaie locale égale à la somme de monnaie française qu'il a à envoyer.

Vous apercevez tout de suite, Messieurs, à la fois les avantages et les inconvénients d'un pareil système. Comparons-les.

« Est-il normal, se demande M. Avenol, est-il sain qu'un pays puisse être ainsi soustrait à la loi des changes ? Si les changes sur France jouaient, leur hausse agirait, suivant la théorie classique : elle favoriserait l'exportation, elle limiterait l'importation ; elle marquerait aux yeux des Algériens la dépendance de leur situation financière et les servitudes de leur régime monétaire... »

Mais M. Avenol ajoute aussitôt :

L'absence de tout change demeure précieuse par la facilité et la sécurité qui en résultent dans les relations financières de France et d'Algérie.

Des changes défavorables à l'Algérie, ce serait une déperdition chez elle de la valeur des capitaux qui lui seraient envoyés, une majoration des intérêts qu'elle aurait à servir à ses créanciers métropolitains.

L'incertitude de ces variations ferait naître des hésitations, des répugnances, qui limiteraient étroitement le crédit algérien.

Actuellement, les comptes des capitaux et d'intérêt entre France et Algérie offrent autant de certitude, autant de fixité que dans la France continentale. Plus haut nous indiquions le grand avantage qu'avaient eu les banques algériennes à élire domicile en France et à y recruter clients et déposants ; c'est la constance du pair dans les relations monétaires, qui seul le rend réalisable.

Cette invariabilité du franc caractérise, auprès des capitalistes, l'Algérie comme une province française : elle accroit son crédit et élargit le cercle de ses prêteurs.

Croit-on qu'en 1913, la banque de l'Algérie aurait de la même façon réussi, par les élévations du taux de l'escompte, son rétablissement du marché algérien, si France et Algérie avaient été séparées par une barrière de changes incertains ?

Cela est si vrai, Messieurs, qu'en dépit de variations

considérables dans le montant du solde créditeur du Trésor vis à vis de la Banque de l'Algérie, et alors que ce solde a pu atteindre jusqu'à 200 millions, il se trouve aujourd'hui réduit à fort peu de chose et à la veille, s'il ne l'est déjà, de s'éteindre.

Dût-il se maintenir à une quarantaine ou à une cinquantaine de millions, qu'est pour le Trésor ce minuscule sacrifice, ce prêt extrêmement modeste, en comparaison des troubles économiques profonds qui eussent été la conséquence d'un change élevé entre la France et l'Algérie, et qui auraient, par la force des choses, rejailli sur la France elle-même ?

Messieurs, je n'entends parler ici que du régime monétaire de nos colonies, sans vous imposer les détails par trop étendus auxquels me conduiraient une étude successive du statut, des obligations, des privilèges de nos différentes banques coloniales.

Qu'il nous suffise de savoir qu'avec des modalités variées, et soit que le Trésor assure directement à la Colonie, par le mécanisme des mandats-poste, le bénéfice d'une parité monétaire invariable, soit qu'il se serve, à cet effet, d'une convention formelle avec la Banque d'émission, la plupart de nos colonies : Tunisie Afrique occidentale et équatoriale française, Madagascar, les Antilles jouissent d'un régime analogue, régime qui leur permet, à toutes, de commercer plus sûrement et plus paisiblement avec la Métropole qu'avec aucune autre puissance, même lorsque (comme c'est le cas pour l'Afrique occidentale et pour les Antilles) certains de leur produits d'exportation sont cotés ou standardisés dans une unité monétaire étrangère comme la livre ou le dollar.

J'ajouterai, sans penser sortir pour cela de mon sujet, qu'en Syrie, la France s'est également et récemment inspirée de la même formule et que, là aussi, après une étude approfondie de la question, on a jugé que le régime du compte-courant du Trésor était le meilleur à adopter pour le développement de l'influence économique de la France.

Je fais maintenant une place à part à l'Indo-Chine et au Maroc.,. A l'Indo-chine parce que, pour des raisons économiques impérieuseset qui sont particulières à cette colonie, l'institution d'un régime d'alliance monétaire avec la Monopole y semble peu réalisable et offrirait même, je crois, certains inconvénients.

Au Maroc, parce qu'entre 1917 et 1921, il a passé du régime d'une monnaie indépendante à celui du franc au pair, nous fournissant ainsi la plus vivante des démonstrations pour le sujet qui nous occupe.

Le Maroc, en effet, offre ceci de particulier que l'opposition entre les deux systèmes : celui de la monnaie locale indépendante, et celui d'une monnaie alliée au franc de France, s'y manifesta avec une vivacité soudaine, entre 1917 et 1919, sous l'influence de la hausse du métal-argent.

Je ne songe pas à retracer ici l'histoire, qui fut parfois dramatique, de la réforme monétaire du Maroc.

Qu'il suffise de savoir que, depuis 1880 environ, ce pays utilisait une monnaie d'argent de bon aloi appelée *hassani*, du nom du Sultan Moulay-el-Hassan, qui en ordonna les premières frappes. Cette monnaie, exactement à l'instar de la piastre indo-chinoise, servait d'étalon à toutes les valeurs échangées, et, à partir du moment où le franc s'introduisait en fait au Maroc, à la suite des armées d'occupation, franc de France ou franc d'Algérie, celui-ci n'était troquable contre du hassani qu'à un cours déterminé par les mouvements mêmes de l'offre et de la demande : haute en été, au moment où le hassani était demandé par les acheteurs de blé, basse en hiver au moment où l'Arabe en vendait pour se procurer des marchandises d'importation, la peseta ou le doure marocain, simple monnaie d'argent, n'arrivait jamais à primer le franc, à l'époque où celui-ci constituait une valeur d'or.

Il eût été, à cette époque, à la fois aisé et avantageux de démonétiser le hassani au profit du franc. Mais, outre que la prime du franc masquait l'imminence de la réforme, notre installation était encore trop récente pour qu'on osât, de but en blanc, enlever aux Marocains leur écu traditionnel à effigie coranique. Ajoutons aussi qu'une opération de cet ordre pouvait difficilement s'effectuer, à première vue, avec un établissement comme la Banque d'Etat du Maroc, dans le Conseil duquel siégeaient statutairement des étrangers.

En 1915, une commission monétaire réunie à Paris suggéra bien l'extension au Maroc du privilège de la Banque de l'Algérie, mais sans préciser les moyens grâce auxquels la charte de la Banque du Maroc pouvait être dénoncée.

Les événements de 1917 et de 1919 précipitèrent le mouvement. Une première hausse du métal-argent contraignit le Gouvernement marocain à tenir le marché du hassani au pair exact du franc, de manière à préparer une sorte de confusion dans le calcul des deux monnaies. Pendant ce temps, toute la comptabilité publique était montée en francs. La fin de la guerre, et la hausse du franc qu'on pensait devoir en être la conséquence, favoriseraient et rendraient mûr, semblait-il, le problème de la démonétisation.

C'est l'inverse qui se produisit : une deuxième et formidable hausse de l'argent, concomitante à celle de la livre, en octobre 1919, haussa le hassani au-delà de la valeur du franc et l'amena, en quelques jours, à valoir en fait 14 francs. L'alternative était simple : s'obstiner à maintenir une parité qui n'aurait pas résisté à la pression des faits et qui eût entraîné, en vertu de la loi de Gresham, l'exode de tout le numéraire en circulation, — ou bien rompre cette parité de principe, racheter en masse le hassani rede-venu libre, puis, une fois les stocks affaiblis et épar-pillés, démonétiser le reste à un taux commode et aussi peu désavantageux que possible.

Ce fut la solution que, sur mes propositions person-nelles, adopta, après huit séances d'une discussion pas-sionnante, la Commission interministérielle monétaire de 1920, dont faisaient partie deux des éminents pro-fesseurs de cette école : MM. Courtin et Arnauné.

L'opération fut faite en avril 1920 : elle porta sur une masse circulante de près de 100 millions de métal argent (en valeur nominale) au taux, éminemment pra-tique, de 2 francs pour un peseta hassani. Les frais de cette considérable opération furent assurés par : des reventes partielles à bénéfices, l'épuisement d'un fonds d'assainissement d'environ 20 millions constitué depuis longtemps à cette intention, et enfin les béné-fices sur les futures frappes de divisionnaire de nickel, momentanément suppléés par une avance sans intérêts de la Banque d'Etat du Maroc.

La Banque de l'Algérie, puis la Banque d'Etat du Maroc collaborèrent, par leurs avances, à cette trans-formation. Il n'a ni dépendu du Gouvernement français, ni du Gouvernement chérifien que ces deux établissements ne s'associassent pour bénéficier en commun d'une réforme à laquelle ils avaient participé ensemble, avec un très louable patriotisme.

Le 28 décembre 1921, le Trésor français passait avec la Banque d'Etat du Maroc une convention dite du compte-courant, qui réalisait définitivement l'alliance monétaire franco-marocaine.

Actuellement, le Trésor public, en dépit des dépenses encore importantes du corps d'occupation et qui viennent en contre-partie de sa créance, est créditeur de la Banque d'Etat du Maroc dans une proportion qui atteint, en tenant compte de la valeur du franc, celle dont il était créditeur de l'Algérie à l'époque de la crise de 1912 et 1913, mais il y a tout lieu de penser que cette créance se dénouera de la même façon, avec le développement certain de la production et du commerce dans ce pays, développement qui se serait trouvé arrêté, si, aux difficultés de la crise actuelle, avaient dû s'ajouter celle d'une catastrophe des changes.

En tout cas, dès le lendemain de la démonétisation de la monnaie locale, l'alliance monétaire du Maroc et de la Métropole a fait sentir ses effets, sous la forme d'une protection très nette au commerce et à l'industrie française, et il n'est pas possible d'en trouver un plus éloquent témoignage que dans les protestations, aujourd'hui calmées, qui furent adressées au gouvernement français et au gouvernement chérifien par certaines puissances étrangères au nom du principe de la « porte ouverte » ou de l'égalité économique.

Pourquoi, Messieurs, cet ingénieux système du compte-courant du Trésor, si fécond en résultats dans notre Afrique du Nord et la plupart de nos colonies, n'a-t-il pu être ou ne doit-il pas être adopté en Indo-Chine et dans nos possessions d'Asie ?

Pour une raison fort simple : c'est que, s'il est exact que le régime du franc au pair joue comme une protection au commerce français, encore faut-il qu'il s'agisse de colonies qui, par la nature même de leur production ou de leur consommation, *soient susceptibles de commercer principalement avec la France.*

C'est le cas de presque toutes nos colonies. Ce n'est pas le cas de l'Indo-Chine.

En effet, le principal produit d'exportation de notre empire colonial d'Extrême-Orient est le riz, et la presque totalité de la récolte, loin d'être dirigée sur la France, prend normalement le chemin, tout voisin, de la Chine ou de Java. Il en est de même des charbons du Tonkin et de divers autres produits. Il en sera ainsi toujours, et il est donc aisé de se rendre compte qu'alors que, partout ailleurs (et par exemple, au Maroc, où, dès avant la démonétisation du hassani, 80 % du commerce marocain s'effectuaient avec Marseille et Bordeaux), l'assimilation de la monnaie locale au franc a créé une situation commerciale stable et pleine d'avantages, en Indo-Chine c'est cette même assimilation peut-être qui eût été désastreuse pour l'économie générale de la colonie, en créant l'instabilité là où elle n'existait point.

Il y a mieux encore, ajoutent les partisans de la piastre, que cette raison purement matérielle. Dans sa position lointaine, avec son régime d'économie particulier, ses nombreux satellites bancaires d'Asie et même d'Afrique (Côte des Somalis) l'Indo-Chine, grâce à sa piastre métallique et à la gestion remarquable de la Banque de l'Indo-chine, exerce, dans toute une partie de l'Extrême-Orient, une certaine hégémonie monétaire, dont l'importance morale n'est pas à dédaigner.

Dans les pays limitrophes de son territoire, la piastre d'Indo-Chine est tellement appréciée qu'elle a tendance à servir d'étalon pour les cotations commerciales. Et quelle meilleure preuve pourrions-nous donner de la force de cette situation monétaire que le fait suivant : savoir qu'en 1920, au moment où la Banque de l'Indo-Chine, sous la pression de la Métropole, inquiète pour sa trésorerie de la haussé gigantesque du métal-argent, fut amenée au cours forcé, aucune difficulté n'en résulta et l'on vit même le billet, pour la commodité de son maniement, continuer à faire une légère prime sur le métal ?

Le seul inconvénient du régime monétaire indochinois (en dehors, sans aucun doute, de la gêne qu'il crée à quelques maisons d'exportation de café ou d'autres produits à consommation française) est dans les difficultés qu'il crée à la Trésorerie métropolitaine en Indo-Chine.

A ces arguments, les adeptes de l'unification répondent qu'il y aurait un intérêt moral autrement sérieux à acclimater le franc en Extrême-Orient, comme monnaie de compte, et que le nouveau régime n'empêcherait aucunement de posséder et d'utiliser les réserves métalliques nécessaires à certaines transactions.

Il m'est impossible, Messieurs, d'entrer plus avant dans les détails complexes de cette importante discussion, à laquelle se trouve également liée toute la question du cours forcé, entre 1920 et 1922, et aussi le fameux jeu de la convention de 1920 qui, après avoir été considéré comme préjudiciable au Gouvernement, en a fait, en fin de compte, suivant l'expression de M. Adam dans son intéressant ouvrage sur la question monétaire indo-chinoise, « un heureux spéculateur ».

Mais, en résumé, c'est à juste titre, croyons-nous, que le régime monétaire spécial de l'Indo-Chine est maintenu pour l'instant, en dépit du courant si intéressant qui emporte notre politique coloniale vers un système à peu près généralisé d'unification monétaire.

MESSIEURS,

J'ai terminé mon exposé et je m'excuse d'y avoir mis plus de temps que de raison.

Si les quelques chiffres que j'ai fait passer devant vos yeux, si les quelques indications que je vous ai fournies sur les finances publiques de nos colonies pouvaient aider au renom et à l'estime qu'elles méritent, s'ils pouvaient vous convaincre de cette haute idée qu'en dépit d'organisations très différentes, un même esprit de travail et de bien commun anime toutes les contrées de ce vaste empire, et cela pour la gloire d'une patrie qu'on aime deux fois quand on est loin d'elle, je me réjouirais de cette studieuse soirée consacrée à nos possessions d'outre-mer, et j'aurais la sensation de m'être quelque peu acquitté vis-à-vis de celle d'entre elles à laquelle j'aurai dû les années les plus pleines de ma modeste carrière.

DISCOURS DE M. DE PERETTI DE LA ROCCA

Mesdames, Messieurs,

Je suis confus d'avoir à ajouter quelques mots à une aussi belle conférence, mais je voudrais vous poser une question. Savez-vous ce qu'a fait M. François Piétri en prononçant cette conférence ? Il a achevé de me convaincre qu'il ferait un excellent Ministre des Finances en France. Je dit « achevé » parce que j'en étais déjà persuadé. J'ai eu la bonne fortune, en effet, depuis de nombreuses années, de le suivre pas à pas dans son rôle de Ministre des Finances du Maroc. Comme il l'a dit, il y a là-bas un grand colonisateur qui avait à faire une grande œuvre et qui l'a faite, mais il n'est pas facile de faire une grande œuvre sans argent ; pour toute grande œuvre, il faut beaucoup d'argent, et il fallait en trouver ; M. Piétri en a trouvé.

Il a dit qu'il avait monté son budget en graines, mais ce sont des graines qu'il a semées et qui ont fructifié et la preuve c'est qu'il n'a été ni pendu ni emprisonné. Or, au cours de notre histoire, nous avons vu quelques surintendants des Finances qui ont été pendus et emprisonnés ; nous en avons vu d'autres aussi qui ne l'ont pas été ; c'est qu'ils avaient réussi. M. Pietri n'a été ni pendu ni emprisonné : il a réussi.

Pour lui permettre de réaliser le vœu que je fais

maintenant, il lui manque quelque chose : c'est d'être un homme politique. Le deviendra-t-il ? C'est une question indiscrète et je ne la pose pas. Je sais que d'autres la lui ont posée, mais je ne sais pas quelle réponse il a faite. Ce n'est d'ailleurs pas moi qui ai eu l'idée qu'il ferait un bon Ministre des Finances ; quelqu'un l'a déjà eue avant moi.

Un autre Corse, — car je dois vous dire que M. Piétri est Corse ; vous ne l'auriez peut-être pas deviné ; moi je n'ai pas beaucoup de mérite à cela : la Corse est un pays dont tous les habitants sont parents, et je suis particulièrement heureux que les Pietri et les Peretti, qui habitent le même arrondissement, ne soient pas seulement des voisins — un autre Corse, dis-je, un Corse qui habite assez loin dans l'Est — il est sur le Rhin en ce moment et je ne le connais pas — a adressé, au moment de la crise ministérielle, un télégramme aussi naïf que touchant au Président du Conseil, et voici à peu près comment il l'avait rédigé :

« Regardez donc vers le Maroc, il y a là quelqu'un qui pourrait contribuer à rétablir les finances de la France. »

Ce télégramme était signé : Pietri.

C'est un de nos parents ignoré à nous deux, mais c'est un parent d'un bon jugement. (On rit.)

Si je vous désigne ainsi, mon cher Ami, au choix des futurs Présidents du Conseil, c'est que le Directeur des Affaires politiques ne peut pas se désintéresser de la personne qui tient en mains les finances de la France ; il désire tout particulièrement que ces finances soient entre des mains sûres et expérimentées, car il y a un rapport très étroit entre les finances et la politique extérieure. La déclaration ministérielle de ce matin le dit en excellents termes :

« Des finances saines et solides sont pour un Etat, quel qu'il soit, une indispensable garantie d'indépendance. »

On ne peut pas en effet faire de bonne politique si l'on n'a pas la liberté et la maîtrise de ses finances.

J'ai été très frappé, depuis un an et demi ou deux, depuis que le franc a régulièrement baissé, de constater que, malgré les évènements divers qui se sont déroulés et qui devaient influer sur la baisse ou la hausse du franc, évènements de diverses natures : occupation de la Ruhr, résistance passive, cessation de la résistance passive, changements de ministères à l'étranger ou en France, le change français suivait une ligne tout à fait régulière, une courbe parfaite. Ces événements ont eu quelque influence, mais cela a été tout à fait momentané, quelques points seulement et la courbe continuait sa marche progressive. C'est que la politique extérieure n'a pas eu, dans ces dernières années, une grande influence sur les finances françaises. Le mal était dans les finances elles-mêmes, on l'a compris. Avec un grand courage, digne de tous nos hommages, le Gouvernement et le Parlement ont opéré ce que la déclaration ministérielle appelle « un vigoureux redressement financier » qui a conjuré la crise. Elle ajoute qu'il faut continuer dans l'inexorable résolution de maintenir les budgets en équilibre, d'alléger les charges de la trésorerie et de préparer avec une vigilance continue les amortissements nécessaires.

Cependant, il serait tout à fait injuste de dire que la situation financière embarrassée n'a pas souvent à l'origine une politique extérieure qui a rencontré des difficultés. La nôtre en a rencontré depuis cinq ou six ans, et de considérables. Ce n'est pas très étonnant après une guerre qui a bouleversé le monde comme jamais, de mémoire d'humains, il n'avait été bouleversé. Il faut du temps pour que cet océan mis en fureur reprenne son équilibre, il faut du temps et de la patience. De la patience ! Nous en avons depuis cinq ans. Nous avons tout essayé et nous avons toujours vu les solutions nous échapper.

Je me rapporte encore à la déclaration ministérielle, et j'y trouve des motifs d'espérer :

« La France, dit-elle, a le ferme espoir qu'après le rapport établi par les experts qu'a désignés la Commission des Réparations, deviendront possibles un règlement général et une liquidation rapide. »

Je crois que jamais, depuis cinq ans, la situation n'a été meilleure qu'aujourd'hui — la situation nationale et la situation internationale — je ne dis pas seulement en France, en Angleterre, en Belgique, mais même en Allemagne et pour des raisons différentes. Un Directeur politique ne peut pas parler beaucoup, il ne peut certainement pas en dire plus long qu'il n'y en a dans la déclaration ministérielle elle-même, mais j'ai raisonné cet espoir dont parle la déclaration et j'en suis tout à fait pénétré. Aussi, vous me permettrez de finir sur cette note optimiste. Il me restera ensuite un devoir à accomplir.

Il faut que je remercie les organisateurs de cette Conférence de nous avoir permis d'entendre M. Piétri. Il faut que je vous remercie vous-mêmes de l'avoir écouté avec une religieuse attention. Enfin, je remercierai mon ami Pietri de nous avoir, pendant un temps trop court, tenus sous le charme de sa parole chaude et pénétrante, et d'avoir su si bien dans une belle conférence mêler l'utile à l'agréable.

————

VI

LA POLITIQUE COLONIALE DE LA FRANCE

CONFÉRENCE DE M. Camille GUY

**Agrégé d'histoire et de géographie
Gouverneur honoraire des Colonies**

DISCOURS DE M. Lucien HUBERT

**Sénateur des Ardennes
Président de la Commission des Affaires extérieures du Sénat.**

Je ne me dissimule pas combien la tâche que j'ai
assumée ce soir est difficile et ingrate. Il ne s'agit de
rien moins que de résumer les très belles conférences
qui ont précédé la mienne, ce qui ne va pas sans répétitions inévitables, sans développements oiseux puisqu'il ne me reste en somme qu'à répéter plus mal ce
qui a été très bien dit. J'essaierai donc simplement de
construire une synthèse aussi claire que possible, et de
montrer ce qu'a été dans le passé, ce qu'est dans le
présent et ce que doit être dans l'avenir la politique
coloniale de la France.

« Partout, disait M. Clémenceau, dans un des véhé-
ments discours qu'il prononçait contre le grand colonial Jules Ferry, nous faisons, nous avons fait et nous
ferons de la politique coloniale ». M. Clémenceau ne
croyait pas si bien dire. La politique entreprise par
Jules Ferry n'était en effet que le retour à la politique
traditionnelle de la France. On a dit et répété à satiété
que la France n'était pas apte à coloniser et que le
Français n'était pas colonisateur. Grossière erreur, car
la France, en dépit des fautes graves de l'incom-
préhension des Gouvernements, de l'indifférence, (je
dis indifférence et non pas hostilité) de l'opinion

(1) 17 mars 1924.

publique a toujours instinctivement poursuivi la conquête et l'organisation d'un empire extérieur. Sans doute, elle n'avait pas comme les Iles Britanniques une entière liberté d'action ; elle était en quelque sorte enchaînée par la question des marches de l'Est et par sa situation difficile de puissance continentale. Mais de tout temps il a existé des esprits clairvoyants, des politiques avisés qui ont pensé que cette question de l'équilibre européen ne devait pas nous fermer les yeux sur la nécessité de nous créer des possessions au dehors. D'autres, plus audacieux encore, se sont demandé, même aux heures les plus sombres, si la solution de ce problème d'équilibre ne pouvait pas être trouvé dans la création d'un domaine colonial, et si la question du Rhin ne pouvait trouver sa solution en Asie et en Afrique. De fait, nous n'avons jamais cessé de poursuivre un but colonial, notre histoire est là pour le prouver.

Sans donner, comme jadis M. de Douville-Maillefeu et comme aujourd'hui M. Hanotaux, qui exprimait cette idée il y a quinze jours, l'exemple de la conquête de l'Angleterre comme preuve évidente de nos aptitudes colonisatrices, sans rappeler que les croisades ne furent en réalité qu'une entreprise coloniale et économique, il nous est permis de nous souvenir que Sully avait entrevu la nécessité d'un domaine colonial ; que Richelieu, ses mémoires en font foi, a fait mieux que comprendre, mais qu'il a agi dans ce sens ; et personne de nous n'ignore que Colbert avait conçu tout un plan d'expansion au dehors, d'occupation de points commerciaux bien choisis qu'il aurait sans doute réalisé si Louis XIV n'avait pas été entraîné dans les guerres de magnificences qui nous ont coûté si cher.

Si notre tradition coloniale n'avait pas été inter-

rompue par les utopistes de la deuxième partie du
XVIIIe siècle, nous aurions occupé, et peu s'en est fallu
qu'il en fût ainsi, une place prépondérante dans l'Amérique du Nord et dans l'Inde ; mais, même à cette époque
néfaste, il y eut toujours de libres esprits qui com-
prirent et soutinrent la solidarité de nos intérêts maritimes et de nos intérêts coloniaux. Négligeons, on le
peut, l'ironie de VOLTAIRE ou la candeur de BERNA-
DIN DE SAINT-PIERRE ; mais constatons qu'au temps de
CHOISEUL, qui avait compris, ainsi que VERGENNES, l'obligation impérieuse de nous extérioriser, des écrivains et
des penseurs déclaraient « qu'il fallait demander aux
colonies une large part de matières premières de l'industrie métropolitaine », et « qu'il convenait de regarder
les colonies non comme des provinces asservies mais
comme des États amis et protégés ». Ces deux phrases
écrites par TURGOT sont comme la préface de notre
politique actuelle.

La Révolution n'eut pas le loisir de préparer l'éveil
colonial. Cependant les Cahiers des Etats Généraux
s'en occupent, et presque tous se montrent favorables
à la création d'un domaine colonial.

D'autre part, la Convention et la Constitution de
l'an III formulent, en ce qui concerne nos rapports
avec nos établissements coloniaux, des principes sur
lesquels nous aurons à revenir et que pourrait signer,
presque sans modification, notre Ministre actuel des
Colonies. N'est-ce pas d'ailleurs en 1787 que, grâce à
l'évêque d'ADRAN, GIA-LONG nous installait en Cochinchine et même dans une partie du Tonkin ? N'est-ce
pas en 1789 que l'idée de chercher une compensation
à la perte de l'Inde hantait les esprits les plus clai-
voyants ? N'est-ce pas cette même année que 90.000 quin-

taux de coton importés en France provenaient de Saint-Domingue et de Cayenne. A peu près à la même époque, LECHALLIER, avec un sens en quelque sorte prophétique, déclarait dans un mémoire « que, si nous le voulions, Madagascar serait un jour une possession française. »

Il y aurait également une curieuse étude à faire sur la politique coloniale de Napoléon. Il était impossible que cet homme de génie ne fût pas dévoré du désir ardent de constituer, par delà les mers, des colonies françaises et l'expédition d'Egypte ne fut pas autre chose qu'une entreprise coloniale inspirée par l'espoir de reconquérir l'Inde perdue. Si elle eût réussi, notre destinée aurait peut-être changé.

Après quelques années de recueillement imposées par les traités de Vienne, voici que brusquement l'opinion publique se ressaisit, et un parti colonial se forme. Déjà, en 1817, un député obscur, M. COTTON avait dit : « Il « faut des colonies pour nous procurer des denrées qui « sont devenues des objets de première nécessité, et ne « pas nous rendre tributaires des étrangers ; il en faut « pour y importer les produits de notre sol et de notre « industrie. » En 1828, HYDE de NEUVILLE s'écriait à son tour : « Les colonies ne sont-elles pas françaises ? « Ne font-elles pas partie de la grande famille ? Elles « ont été fondées par des Français et sont habitées par « des Français. S'il était permis de mettre en question « l'existence des colonies françaises parce qu'elles nous « sont plus ou moins onéreuses, on pourrait aussi se « demander si tel ou tel département n'est pas plutôt « une charge qu'un profit. Les colonies, c'est la France ; « aucun pouvoir autre que la force des choses ne peut « les détacher de la monarchie. »

On voit comment, à travers les siècles, en dépit des
tempêtes, le fil n'est jamais rompu ; il y a toujours en
en France une politique coloniale, sinon en action, du
moins en puissance. Cette politique, elle est toujours
animée du même esprit, provoquée par les mêmes
préoccupations, inspirée par les mêmes principes.

Que le Second Empire aît eu parfois la compréhension qu'il fallait à la France un empire colonial, cela
n'est pas douteux, et bien des documents en font foi ;
mais il n'est pas douteux davantage que les variations,
à cette époque, de notre politique douanière ont réagi
sur les caractères de notre politique coloniale. Les
économistes de cette époque, soucieux de réaliser la
solution du libre-échange par des traités de commerce
très libéraux, se montraient très réservés en matière
coloniale.

Mais viennent la guerre et la défaite. Obligée de se
replier sur elle-même, où la France trouvera-t-elle des
compensations, sinon dans l'extension de son empire
colonial ? Ses amis l'y poussent dans l'intérêt de son
avenir économique ; ses ennemis l'y poussent de même
dans l'espoir qu'elle y usera ses forces, oubliera
l'Alsace-Lorraine et y compromettra son drapeau. Il
a fallu toute la clairvoyance, toute l'énergie, toute la
volonté d'un Jules Ferry pour se lancer résolument
dans cette politique qui, en dépit de l'opposition tenace
de ceux qui ne combattaient ses vues coloniales que
pour atteindre sa politique intérieure, nous donnait, en
moins de quarante ans, une grande partie de l'Afrique,
l'Indo-Chine et Madagascar, la Tunisie et plus tard le
Maroc. Ainsi la France devenait la seconde puissance
coloniale du monde, et notre action créait en silence
sur ces terres lointaines une armée de choc incom-

parable qui prenait l'habitude de combattre et de vaincre, et dont les chefs devaient être, l'heure étant venue, les grands généraux que vous savez.

***

A quoi bon, disent les adversaires de notre politique coloniale, car il en existe encore beaucoup, là surtout où nous ne devrions pas en trouver, dépenser tant d'hommes et tant d'argent pour nous installer dans des terres dont nous ne ferons jamais rien ? Or, dès le début, tous les Ministres ont nettement établi que, si nous poursuivions au delà des mers une politique de civilisation et d'humanité, nous entendions aussi entreprendre une politique économique dont nos protégés et nous puissions également tirer bénéfice. Si quelques représentants du passé, fidèles aux traditions de l'ancienne monarchie, pensaient avec de M. de Mun, que la colonisation se sufit à elle-même parce qu'elle affirme l'énergie et la tradition de la race, les chefs de l'opinion envisageaient des résultats plus pratiques et plus substantiels. En face de la vague de protectionnisme qui submergeait le vieil échafaudage des pays industriels, il fallait aviser au plus vite : « Le système « protecteur, disait Jules Ferry est une machine à « vapeur sans sûreté s'il n'a pas pour corrélatif et pour « auxiliaire une saine et sérieuse politique coloniale. » M. Étienne à son tour confessait « l'insuffisance de nos « préoccupations douanières coloniales en face des tentatives de l'étranger pour s'approprier notre bien ». Dès 1895, M. Delcassé promettait aux capitaux français dans les colonies « le concours et la protection qui leur « sont indispensables ». Enfin, M. Emile Chautemps formulait cette opinion grosse de conséquences que le Ministre des Colonies est tenu de se considérer comme un second Ministre du Commerce.

II

Nous avons donc aujourd'hui un immense empire colonial, et, par là même, nous avons acquis à la fois des richesses matérielles et une richesse humaine. A nos associés noirs, jaunes ou bruns, nous devons la justice, le bien-être, le respect de leurs coutumes ; pour exploiter les richesses matérielles, nous devons étendre les cultures, multiplier les marchés, assurer une main-d'œuvre suffisante, donner à nos colons et aux indigènes qui produisent des moyens rapides de circulation et ouvrir le chemin des marchés de la Métropole. L'avons-nous fait, et qu'avons-nous fait ? Je crois qu'on peut affirmer qu'avant toutes les autres nations européennes, nous avons suivi une politique indigène logique, faite d'idéal et de réalité, et en tout cas généreuse ; nous avons une politique économique qui s'affirme chaque jour davantage ; nous avons une politique, ou plus exactement nous allons avoir une politique de travaux publics et de voies ferrées ; nous avons une politique admistrative bien conçue et bien adaptée à ses fins ; mais nous n'avons pas, et pourtant à l'heure actuelle cela est l'essentiel, de politique douanière et nous n'avons pas de politique de transports maritimes.

Nous avons une politique indigène, et M. BARÉTY vous l'a clairement et éloquemment démontré. Une sorte de bonté naturelle, une générosité innée ont fait que nous n'avons été des conquérants que lorsque nous ne pouvions pas faire autrement. Bien plus, presque toujours, nous n'avons fait la guerre qu'aux chefs indigènes qui pillaient et massacraient les populations, faisaient cruellement le commerce des esclaves et ne laissaient, partout où ils avaient passé, que la famine et la désolation. Pour nous la bataille n'a jamais été qu'un préliminaire et la conquête un moyen. Le colonial français, par instinct atavique, est un ouvrier bien plus qu'un guerrier. Il a la hantise de se faire aimer et, le combat fini, il n'a plus qu'un désir, gagner le cœur des indigènes qu'il prend en pitié d'abord et en affection ensuite. Cette politique indigène, elle a été tout d'abord latente et éparse ; mais elle est maintenant fixée non seulement dans ses traits essentiels, mais encore dans le détail. Elle a sa doctrine : guérir les indigènes, les instruire, les nourrir, assurer leur liberté et leurs droits. Il manquait que cette politique coloniale fût codifiée, précisée et expliquée. Le Ministre des Colonies M. Albert Sarraut a donné à la France une charte coloniale à laquelle le temps apportera sans doute quelques modifications, mais qui restera vraie dans l'ensemble et dont la solide armature résistera à tous les événements et à tous les assauts. L'assimilation n'est plus qu'un souvenir ; il n'y a qu'une politique possible, la seule juste et la seule légitime, celle de « l'Association ».

Nous avons une politique économique et nous sommes déjà bien loin de la période où la cueillette et le troc constituaient les seuls moyens de nous procurer et d'acheter les produits du sol. Nous nous sommes rendus compte qu'aux colonies comme partout ailleurs, les produits du sol ne s'obtiennent que par le travail, la culture scientifique et une connaissance approfondie des lois naturelles. C'est pour n'avoir pas compris à temps cette loi inéluctable que le caoutchouc, produit riche et qui pendant plusieurs années a donné à la Guinée Française une prospérité inouie, ne vaut plus rien aujourd'hui ; pour cette raison également que l'Afrique Occidentale, qui pourra nous fournir un jour quinze cent mille tonnes d'arachides, ne nous en donne même pas le tiers ; pour cette raison, enfin, que nos colonies, où le coton pousse spontanément partout, ne nous donnent pas de coton. A ce point de vue, la guerre nous a beaucoup appris. Elle nous a révélé que notre domaine colonial pouvait nous fournir toutes les matières premières indispensables à nos industries nationales, et, sous l'empire de la nécessité, nous avons tiré de nos colonies, pendant la guerre, pour plus de deux milliards de francs de produits industriels et de denrées alimentaires. Notre politique économique doit être et devient chaque jour une politique de matières premières. Je me reprocherais d'insister, car M. BRENIER vous a dit excellemment et avec sa haute compétence tout ce que nous pouvons attendre de nos Frances du dehors : les textiles, les oléagineux, les caoutchoucs, le riz, le bétail, les graphites, peut-être demain le pétrole à Madagascar, le sucre et le rhum, les phosphates et le nickel, enfin les bois coloniaux qui constituent pour nous une richesse formidable et dont nous n'avons pas encore su tirer parti, faute d'avoir obtenu les concours indispensables. J'ajoute que le temps presse, car bientôt, demain peut-. être, en face de nations qui nous procuraient jadis ces matières premières mais qui s'industrialisent aujourd'hui et commencent à transformer chez elles les produits qu'elles vendaient au dehors, nous risquons une crise d'autant plus redoutable qu'elle serait sans remède. Mais cela ne sera pas. Les problèmes étant posés, il nous appartient de les résoudre.

Il ne suffit pas que les produits naturels poussent sur le sol ou soient extraits du sous-sol. Si la difficulté et la lenteur des transports sont telles que les prix de revient deviennent prohibitifs, l'effort, si grand qu'il soit, sera impuissant. Il faut donc que nous ayons une politique de travaux publics, de routes, de voies ferrées ; il faut que soient entrepris, dans toutes nos colonies, les travaux jugés les plus indispensables et notamment en Indo-Chine les travaux hydrauliques et l'utilisation méthodique des voies fluviales, et en A. O. F. l'achèvement du réseau ferré, le balisage du Sénégal et la création d'une flotte fluviale sur le Niger. C'est ce que vous a expliqué en détail et avec une grande précision de M. Du Vivier de Streel. A cette préoccupation angoissante répond le grand projet de M. Albert Sarraut qui constitue le programme le plus complet, le plus précis et le plus clairvoyant qui ait jamais été dressé, programme qui a, pour la mise en valeur de notre empire colonial, la même importance que celui élaboré pour la métropole par M. de Freycinet, au lendemain de la guerre de 1870. Certes, cela ne sera pas l'œuvre d'un jour ; quinze ans, au moins, seront nécessaires à son exécution. Aussi avons-nous le droit d'exprimer le regret profond que la Chambre, qui a été saisie de ce projet il y a plus de trois ans, l'ait complètement oublié. C'est à peine si le rapport d'ensemble a été distribué il y a quelques semaines ; il ne pourra donc être discuté avant les futures élections. Si la Chambre nouvelle veut bien l'examiner rapidement, ce qui n'est pas certain, il faudra que le Sénat, qui compte en matière coloniale tant de compétences, l'examine à son tour. Quatre ans, cinq ans peut-être, auront été perdus, alors que les peuples rivaux se hâtent et s'enferment chaque jour dans un protectionnisme étroit et menaçant.

Par bonheur, en attendant le vote du Parlement, les colonies ont pu commencer dès maintenant l'exécution de ce vaste projet avec leurs ressources propres. On sait mal que partout, dans nos grandes colonies, les budgets se soldent en excédent et que les caisses de réserve sont assez riches pour gager par elles-mêmes les travaux les plus urgents. Quatre cent millions sont employés à activer les travaux d'outillage économique dans nos grandes possessions, et comme, à côté des colonies qui ont le moyen de consentir et d'amortir les emprunts, il y a les colonies qui manquent de moyens d'action, on s'est préoccupé de leur en assurer.

Enfin, vous avez entendu M. Duchène vous démontrer avec une clarté convaincante qu'après avoir oscillé entre plusieurs systèmes, notre politique coloniale a trouvé désormais sa formule administrative. Elle l'a trouvée non seulement aux colonies où tout en maintenant le principe d'autorité, plus indispensable là-bas qu'ailleurs, la France appelle chaque jour d'avantage les indigènes à siéger dans les Conseils locaux, à collaborer, sous le contrôle des administrateurs, à la direction des affaires, à la distribution de la justice ou à l'exercice du pouvoir, mais aussi dans la métropole. Le Ministère des colonies, dont la création fut une mesure très heureuse, parce qu'elle concentrait sous une même tutelle et sous une seule autorité toutes les formes de l'activité, a été remanié, refondu et simplifié. Par la loi des finances de 1920, le Ministère est devenu un instrument simple et souple dont toutes les pièces fonctionnent aisément. Auprès de lui, le Conseil Supérieur des colonies, organisme vivant où siègent toutes les compétences, les Agences Economiques qui renseignent le public et vulgarisent la connaissance de nos ressources et de nos richesses coloniales. Enfin, une large indépendance a été consentie aux Gouverneurs Généraux et aux Gouverneurs, qui seront désormais plus maîtres d'agir et d'oser, avec la collaboration des représentations locales.

Aussi avons-nous le droit, nous, coloniaux irréductibles, de nous inquiéter du bruit d'après lequel le Ministère des Colonies serait supprimé par mesure d'économie. Il y a des économies qui coûtent cher ; celle-là serait du nombre. Comment concevoir un seul instant que nos colonies, dont on connaît l'étendue, la valeur et la complexité pourraient ainsi s'effriter entre plusieurs Ministères, que les questions d'enseignement iraient au Ministère de l'Instruction Publique, les questions commerciales au Commerce, celles de la Défense des Colonies à la Guerre, celles des transports à la Marine, alors que toutes ces questions se pénètrent aux colonies les unes les autres, sont interdépendantes et que seule l'unité de direction peut assurer des solutions heureuses et fécondes. Pour chaque Ministère, les questions coloniales seraient enfouies dans une direction ignorée ; nos colonies joueraient le rôle de parentes pauvres, et chaque Ministre, quotidiennement sollicité par la complication des affaires métropolitaines, n'aurait ni le temps, ni le goût d'étudier des questions que, d'ailleurs, il connaîtrait mal. A l'époque où notre empire colonial ne se composait, si on excepte l'Algérie, que de quelques enclaves, le Second Empire avait songé à créer un Ministère des

Colonies ; aujourd'hui que la France possède, sans parler de l'Afrique du Nord, une superficie territoriale de 9 millions de kilomètres carrés, peuplée de 42 millions d'habitants, ce Ministère serait supprimé ! Ce serait un formidable bond en arrière, une défaveur inexcusable pour des pays qui, pendant la guerre, nous ont donné leurs enfants, leur or et leurs produits. Nous n'en sommes pourtant pas à faire une économie de quelques centaines de mille francs aux dépens d'un empire qui nous donnera des millions. Nous avons besoin de croire qu'il ne s'agit là que d'une idée conçue par quelques ignorants en quête de paradoxe et de nouveauté, et qu'il y aura toujours un Ministère des Colonies, dont l'action, collaborant à la fois à la défense et à l'économie coloniales, restera le tuteur vigilant, le protecteur naturel et l'animateur de notre immense empire extérieur.

III

Mais pour que notre politique coloniale puisse nous donner tous les résultats que nous sommes en droit d'en attendre, il faut, et cela est indispensable, que nous ayons une politique douanière qui s'adapte exactement aux besoins et aux intérêts réciproques de la métropole et de nos colonies. Or, cette politique, nous ne l'avons pas. N'est-ce pas au moment où le Ministre du Commerce travaille à la refonte de notre tarif douanier métropolitain qu'il convient d'étudier les modifications profondes qu'il est nécessaire d'introduire dans le régime douanier auquel est soumis, à notre grand dommage, notre empire extérieur ?

Il semble bien qu'un principe domine tout le débat et s'inscrit au fronton de toute réorganisation : c'est que la métropole et les colonies constituent un bloc intangible et sans fissures ; qu'il ne saurait y avoir de barrière douanière entre la France métropolitaine et les colonies françaises ; que le cordon douanier ne doit pas se tendre aux frontières maritimes et terrestres de la métropole, mais qu'il ne doit y avoir de douane qu'au delà des pays extérieurs où flotte notre drapeau.

Cette idée n'est pas nouvelle, et nos ancêtres avaient vu en cette matière plus juste que nous. La Convention Nationale du 5 Septembre 1793 proclamait que le « commerce des colonies est un commerce entre frères, « le commerce d'une partie de la nation avec une autre « partie de la nation », et, en conséquence elle abolit les douanes entre la France et les colonies. Que dit à son tour la constitution de l'an III ? « Les colonies « sont partie intégrante de la République et sont « soumises aux mêmes lois. » Il s'en faut malheureusement que ces principes aient été respectés dans la suite.

Pourquoi ? Parce que nous n'avons pas su nous dégager entièrement de l'odieux système du « Pacte colonial ». Beaucoup pensent encore aujourd'hui, surtout dans le monde des commerçants et des intermédiaires, que les colonies fondées par un État doivent être exploitées au seul profit de ce même État, et que le bénéfice doit aller au pays d'où est venu le premier sacrifice d'exploitation. Conception barbare et surannée, mais qui trouve encore des défenseurs.

Ajoutons que le protectionnisme outrancier qui sévit actuellement dans le monde entier ne contribue pas à modifier cet état d'esprit ; que le régime parle-

mentaire permet à des catégories de producteurs qui
rêvent d'interdire l'entrée en France des produits
susceptibles de les concurrencer, de trouver des défenseurs et des avocats ; et ainsi nous comprendrons
pourquoi la loi douanière de 1892, dominée par ces
préoccupations, n'a pas été une loi favorable au développement économique de nos possessions. Les lois
du 29 Mars 1910 et du 5 Août 1913 ont apporté à ce
tarif quelques modifications heureuses mais insuffi-
santes ; encore ces avantages médiocres ont-ils été
souvent abrogés par des lois de circonstance, votées
dans une atmosphère spéciale, pour des raisons que la
raison a peine à comprendre.

Avant d'examiner quel est le régime qui conviendrait le mieux, suivant nous, à la situation générale,
disons sommairement quel est le régime actuellement
en vigueur.

Ce régime classe actuellement les colonies en trois
groupes :

1° Les colonies assimilées au régime douanier métropolitain (Indo-Chine, Madagascar, Réunion, Martinique, Guadeloupe, Guyane, Gabon, Nouvelle-Calédonie).

Ces colonies se contentent d'appliquer sur leur territoire les tarifs et règlements douaniers Français ; elles
perçoivent sur les produits étrangers les mêmes droits
que s'ils étaient importés en France et admettent en
franchise les articles d'origine française ou coloniale.
En compensation, la plupart de leurs marchandises
jouissent de l'immunité douanière à l'entrée en
France.

En apparence, rien de plus équitable et rien de plus
logique ; mais en apparence seulement, car cette règle

comporte de nombreuses exceptions qui la rendent à peu près inopérante.

D'abord, un certain nombre de produits étrangers (tels que tabac, allumettes, poudre) ou encore ceux que la France ne possède pas en quantité suffisante (blé, farine, charbon, pétrole), sont frappés suivant les cas ou de droits plus forts ou de droits beaucoup plus faibles que ceux prévus aux tarifs métropolitains.

L'équilibre prévu par la loi se trouve ainsi rompu.

Ensuite, il est certain que la valeur de la protection accordée aux produits métropolitains sur les marchés de nos colonies est souvent très exagérée. La règle du transport en droiture, qui ordonne d'appliquer aux marchandises étrangères transbordant en cours de route les chiffres du tarif général, trois fois plus élevés que ceux du tarif minimum, ont pour conséquence que les pays étrangers frappent, par représailles, les produits coloniaux français de droits équivalents, ce qui apporte un obstacle considérable au développement de nos colonies. L'exemple de la Nouvelle-Calédonie est, à ce point de vue, particulièrement typique.

Enfin, à tout moment, une loi de circonstance peut intervenir qui jette à bas la réglementation prévue. Dans cet ordre d'idées, je ne connais pas d'exemple plus fâcheux que la loi récente sur le contingentement des rhums. Sous la pression des viticulteurs et des fabricants d'alcools et d'eaux-de-vie métropolitains, une loi est intervenue qui a limité arbitrairement le droit de nos vieilles colonies, et leur interdit de dépasser pour cette fabrication un chiffre fixé par la loi. On sait que l'industrie rhumière est la plus importante branche de la production des Antilles et de la Réunion. Ces rhums, qui s'écoulaient à bas prix sur le marché français, enrichissaient des colonies dont ils augmentaient la puissance d'achat au profit de notre commerce métropolitain.

A ceux, qui farouchement anti-alcooliques, me feraient remarquer que les rhums ne sont pas une marchandise très désirable, il serait possible de répondre que l'argument invoqué contre les alcools coloniaux vaut autant contre les alcools métropolitains et qu'ensuite, en diminuant la fabrication du rhum, nous avons diminué par incidence la production du sucre, qui, lui, est un produit de première nécessité pour lequel nous sommes tributaires de l'étranger. Il n'importe : pour respecter des intérêts très peu respectables, la loi a été votée et appliquée. Pour nous, coloniaux, cette mesure nous paraît aussi monstrueuse que si une loi protégeait par exemple, les vins de Bordeaux contre les vins de Bourgogne ou le bétail du Sud-Ouest contre celui de Normandie.

Et pourtant, il s'en est fallu de peu que ce fâcheux précédent eût des lendemains. Ils s'est trouvé des législateurs pour demander que l'importation en France des produits algériens ou marocains, (plus particulièrement les blés durs) fût également contingentées. Heureusement le bon sens a repris ses droits. Il faudrait pourtant nous habituer à admettre qu'au-dessus des droits indiscutables des producteurs, des industriels, des commerçants, il est un droit intangible et supérieur, celui du consommateur. Il faut songer aux intérêts du public avant de se préoccuper des intérêts particuliers.

Dans ces conditions, on doit prévoir que le régime de l'assimilation n'a pas satisfait les colonies soumises à ce régime. Ce système leur paraît avec raison très défavorable à leur développement et contraire à leurs intérêts économiques. Les Gouverneurs consultés sont tous unanimes à ce sujet dans leurs rapports que j'ai eus sous les yeux.

Prenons au hasard quelques exemples plus particulièrement convaincants. L'Indo-Chine produit, année moyenne, un million sept cent mille tonnes de riz, dont la France ne peut acheter que 150.000 tonnes (soit 9 $^0/_0$), il lui faut donc de toute nécessité chercher pour son riz d'autres débouchés ; mais comment le pourra-t-elle, si, en vertu de la loi de l'assimilation, elle est obligée de frapper, à l'entrée de la colonie, d'un droit protecteur élevé les produits des possessions auxquelles elle offre sa marchandise ?

Le cas de la Nouvelle-Calédonie est plus caractéristique encore ; isolée à l'extrémité du monde, elle ne peut nouer des relations économiques utiles qu'avec l'Australie et la Nouvelle-Zélande. Mais, en vertu de l'assimilation et de la règle du transport en droiture, elle doit frapper les produits qu'elle importe de droits protecteurs très élevés ; l'Australie et la Nouvelle-Zélande usant du même procédé, elle ne peut placer ses marchandises, et elle végète.

Il en est de même à Madagascar pour ses viandes frigorifiées et pour ses peaux. Aussi, alors que sa superficie est supérieure à la France, elle ne fait qu'un commerce double, à peine, de celui de la petite île de la Martinique.

Nous pourrions multiplier ces exemples ;mais à quoi bon ? Il nous semble que la preuve est faite : l'assimilation, si logique en apparence, condamne les colonies soumises à ce régime à la stagnation ou même à la régression.

2° Les colonies du second groupe (A. O. F., à l'exception de la Côte d'Ivoire et du Dahomey, Saint-Pierre et Miquelon et les Etablissements de l'Océanie) perçoivent sur les produits de toutes origines qui y sont importés, ou des droits d'importation (A. O. F.) ou des droits d'octroi de mer et de consommation (Saint-Pierre et Miquelon). D'autre part, les produits étrangers y sont soumis à des droits de douane dont les tarifs sont en A. O. F. d'environ 7 $^0/_0$ de la valeur des produits, à Saint-Pierre et Miquelon de 8 $^0/_0$, et dans les Etablissements de l'Océanie de 10 $^0/_0$. Ce régime est-il meilleur ? Peut-être, puisqu'en 1921 la part de la France dans le commerce de l'A. O. F. a été de 49 $^0/_0$, celle de Saint-Pierre de 36 $^0/_0$ et celle de l'Océanie de 22 $^0/_0$. Il serait pourtant désirable que les droits à percevoir sur les produits étrangers fussent prévus non sur une seule colonne mais au tarif minimum de façon à permettre aux gouvernements locaux d'engager avec les pays voisins des accords favorables à notre exportation.

3° Enfin le troisième groupe, que nous appellerons des colonies de la porte ouverte, comprend celles qui, en vertu des traités internationaux, ne peuvent pas créer de droits différentiels (Côte d'Ivoire, Dahomey, A. E. F. et Côte des Somalis) ou des pays dont la situation territoriale ne permet pas d'établir de cordon de douane (Inde). Ici, marchandises étrangères et marchandises françaises luttent sans protection d'aucune sorte, et pourtant, la part de la France est de 49 $^0/_0$ en Côte d'Ivoire, de 31 $^0/_0$ au Dahomey et de 77 $^0/_0$ en A. E. F. Les produits de ces pays jouissent, à leur entrée en France, du tarif minimum ou même de la franchise totale. Or, ces colonies dont l'indépendance est entière se déclarent satisfaites de leur sort. Elles s'accommodent de la porte ouverte. N'est-ce pas une indication précieuse ?

Ceci étant, quel pourrait être le régime douanier qui favoriserait le mieux les intérêts métropolitains et les intérêts coloniaux, intérêts qui, je le répète, sont solidaires les uns des autres ? Sans doute, à consulter les industriels et les commerçants de la métropole, la plupart, presque tous, demanderaient que la production étrangère fut frappée de droits très élevés, ce qui, je crois l'avoir démontré, n'aurait d'autre résultat que de diminuer les importations ou même de les supprimer comme, par exemple, en ce qui concerne les tissus que les Africains fabriquent eux-mêmes dès que le prix de vente est trop élevé.

D'autres part, à écouter les colons et les commerçants des colonies, le seul régime désirable serait l'autonomie douanière pure et simple. Il n'est pas douteux que c'est là le régime de l'avenir, mais nous n'en sommes pas là.

Je pense qu'en nous inspirant de ce double principe que, d'une part, nous devons acheter à l'extérieur le moins possible pour éviter notre exportation de numéraire et qu'il nous faut vivre, dans la plus large mesure, sur nous-mêmes et par nous-mêmes, (j'entends à l'intérieur des frontières de la métropole et de nos colonies) ; que d'autre part, nous devons assurer, dans la mesure du possible, à nos industriels et à nos fabricants une place privilégiée dans nos Frances lointaines, on pourrait accepter le système que voici :

a) Accorder un régime préférentiel aux produits métropolitains importés dans nos colonies ;

b) Accorder un régime préférentiel aux produits coloniaux importés dans la métropole ;

c) Tenir compte de la situation commerciale et géographique de nos diverses possessions et ne pas entraver par des mesures maladroites leur développement économique.

En ce qui concerne le premier cas, il est tout naturel, à l'heure surtout où tous les Etats pourvus d'un empire colonial inclinent au protectionnisme, de protéger dans nos colonies nos industries nationales, mais sous la réserve que cette protection ne soit ni prohibitive, ni excessive, car nous en reviendrions alors aux mauvais jours du « Pacte colonial ».

En ce qui concerne la protection des produits coloniaux, elle est de toute évidence nécessaire. De plus en plus, nous aurons besoin de matières premières (coton, laine, caoutchouc, bois, matières grasses) et nous savons que notre empire colonial pourra nous fournir un jour tout ce qui nous sera nécessaire. Sans doute, mais à condition de lui en donner les moyens. Ce moyen, est celui que nous indiquons. Déjà, la plus grande partie de ces produits bénéficient de la franchise à l'entrée en France ; mais cela ne suffit pas ; il faut les protéger par des tarifs calculés de telle sorte que nos produits coloniaux obtiennent la préférence sur les produits similaires de provenance étrangère. Ainsi obtiendrons nous, peut-être, que nos acheteurs de bois ne fassent pas venir d'Amérique, au prix du change, des bois que les Américains sont allés chercher dans nos colonies d'Afrique ; ou encore que certains grands fabricants, ayant à opter entre le cacao de la Gold Coast et celui de la Côte d'Ivoire, n'optent pas délibérément pour le cacao étranger ; ou enfin, que dix mille kilos de coton exportés du Soudan n'attendent pas pendant des mois sur les quais du Havre un acheteur français qui ne vient pas.

En troisième lieu, il faudra que le régime douanier colonial tienne compte de ce fait que celles de nos possessions qui sont très éloignées de nous, sont obligatoirement tenues, si elles veulent vivre, de commercer avec les pays qui les environnent. Elles ne peuvent faire avec la métropole qu'un commerce très médiocre, et il faut de toute nécessité leur assurer des débouchés plus voisins et plus lucratifs. Tel est le cas de l'Indo-Chine et des îles du Pacifique. Ainsi se justifie la politique actuelle dont le Ministre a pris l'initiative et qui, groupant autour de l'opulente et industrieuse Indo-Chine nos colonies du Pacifique, riches en produits mais pauvres en main d'œuvre et en argent, fait de notre empire asiatique « une métropole seconde », et constitue l'Indo-Chine comme représentant de notre commerce et de nos idées en Extrême-Orient et dans tous les pays que baignent l'Océan Indien et le Pacifique.

Ainsi se préparera l'avenir qui aboutira un jour à l'Union douanière des colonies, terme fatal de l'évolution. Mais, en attendant, plus cette loi douanière sera simple, plus elle sera pratique, et nous aurons ainsi doté nos colonies d'un instrument souple et libéral par lequel tous les intérêt seront harmonieusement conciliés.

Enfin, il serait utile que nous puissions disposer, pour le transport des matières premières et de nos produits manufacturés, d'une flotte marchande plus nombreuse et mieux adaptée aux besoins actuels. Oh ! je n'ignore pas à quelles difficultés se heurte aujourd'hui l'armement Français. La loi simpliste et simplette de huit heures, le prix excessif du charbon, les droits écrasants perçus dans certains ports, ne permettont pas à nos compagnies de faire l'effort nécessaire. Je sais bien que le directeur d'une de nos plus grandes compagnies se préoccupe actuellement de porter, en partie, remède à cette situation, et qu'il rêve de faire de Dakar une tête de ligne pour des voyages rapides et fréquents sur la Côte d'Afrique. Mais tous ne sont pas aussi actifs ni aussi prévoyants. Sans parler de cet homme d'Etat qui disait naguère à la tribune que « si notre pavillon n'était pas à la hauteur de sa tâche, nous n'avions qu'à nous adresser au pavillon de nos rivaux », beaucoup de nos économistes se préoccupent fort peu que les transports de nos produits s'effectuent sous pavillon français ou sous pavillon étranger.

Jusqu'ici, nos colonies n'ont guère été desservies que par des lignes régulières, à horaires impératifs, à prix inflexibles, qui sont, par conséquent, impropres au transport des matières premières. Il nous faut imiter l'exemple que la Compagnie Wœrman nous avait donné avant la guerre, ou que l'Italie, qui fait actuellement un prodigieux effort, nous donne aujourd'hui, c'est-à-dire, mettre en ligne de grands cargos, allant de port en port pour faire la cueillette, négocier avec les clients et attendre le moment propice ; en un mot il faut organiser le « tramping ». Seules nos grandes compagnies de navigation sont désignées pour réaliser cette organisation, puisqu'elles peuvent s'outiller dans ce but et que les exemples que je viens de citer démontrent que le bénéfice est certain.

IV

Il nous reste à répondre à une objection qui nous est souvent faite, à nous coloniaux, et qui ne laisse pas d'être troublante. Quand plus tard, bien plus tard nous aurons ainsi doté nos frères des colonies d'institutions qui les associent directement à l'administration et à la gestion des affaires publiques ; quand certains indigènes, ayant reçu une instruction généralisée en langue française, siègeront dans les Conseils locaux, constitueront des cadres de notre administration, délibéreront dans nos Chambres de Commerce ; quand chaque colonie sera dotée des routes, des chemins de fer, et des voies navigables qui permettront le transport rapide vers les lieux d'embarquement et l'échange régulier, non seulement des marchandises mais aussi des idées ; quand les relations économiques auront permis aux cultivateurs et aux colons de vendre leurs produits, soit bruts, soit fabriqués, aux grands marchés européens dans des conditions avantageuses, n'est-il pas à craindre que ces colonies qui nous devront leur existence, leur développement, et leur prospérité ne secouent brutalement une tutelle devenue inutile ? N'est-ce pas Turgot qui disait que « les colonies tenaient à la métropole comme le fruit à l'arbre, c'est-à-dire jusqu'à maturité. » ?

Non, sincèrement, nous ne le croyons pas. En vain nous opposera-t-on l'exemple des « dominions » de l'empire britannique qui, peu à peu, desserrent le lien qui les unissait à la métropole, si bien que des colonies comme le Canada, l'Inde et l'Australie ne sont plus unies à la mère-patrie que par une convention si large qu'elle en devient en quelque sorte fictive. Cette comparaison est loin d'être convaincante. D'abord, l'amputation n'a pas encore été faite, parce qu'il existe toujours entre les colonies anglaises et la métropole des intérêts économiques communs qui ne permettent pas

la rupture. Ensuite, il ne faut pas oublier que c'est
dans des pays au climat tropical que la France a été
contrainte, faute de territoires vacants, d'asseoir son
œuvre colonisatrice. Il en résulte qu'elle a eu à faire à
des populations très arriérées et dont l'évolution, si
rapide qu'elle soit, sera encore bien longue. alors que
les Etats-Unis étaient habités, lorsqu'il se séparèrent
de la métropole, par des colons venus récemment
d'Europe ; que le Canada est peuplé d'habitants sortis
de France ou d'Angleterre et depuis longtemps parvenus à leur maturité intellectuelle et économique ;
que l'Australie elle-même a été colonisée par des déportés amenés d'Europe, et il n'est pas douteux que ce
dernier « dominion », s'il n'avait pas le sentiment
très net qu'il aura besoin d'être protégé et aidé, lors
du prochain conflit entre le Japon et l'Amérique, aurait,
depuis longtemps déjà, conquis son indépendance. Il
n'en est pas de même pour nous. Les Indochinois nous
sauront toujours gré d'avoir respecté leurs traditions
et leur civilisation millénaires ; ils comprennent que
c'est la France qui constitue la clef de voûte de
l'Union Indochinoise, et que, le jour où nous serions par-
tis, l'Annam comme le Tonkin, le Cambodge comme
le Laos, tomberaient en morceaux, proie facile pour
la Chine voisine ou le lointain Japon. Nos associés
d'Afrique savent de leur côté qu'ils nous doivent tout
et le proclament en toute occasion ; mais il faudra bien
des générations encore avant qu'ils aient franchi la
distance qui sépare leur civilisation rudimentaire de la
nôtre et qu'ils puissent vivre uniquement d'eux-mêmes
et par eux-mêmes.

Mais admettons pour un instant que cette crainte soit
fondée et qu'un jour toute ces colonies auxquelles nous

avons donné notre or, notre travail, nos hommes et nos cœurs se séparent de nous. C'est un risque, soit, mais c'est un risque qu'il est beau de courir. Nous n'avons jamais été poussés, en créant un empire colonial, par le seul besoin de lucre et par le seul mobile du mercantilisme. Sans doute, nous avons voulu mettre en valeur d'immenses territoires en friches ; sans doute, nous avons voulu tirer de notre travail des profits d'autant plus légitimes que nous les partagions avec les indigènes ; mais nous avons eu, avant tout, comme but, d'accomplir une œuvre morale ; nous avons voulu hausser jusqu'à nous des hommes arriérés et isolés de toute civilisation, les faire passer, par des étapes successives, de l'état d'hommes barbares à l'état d'associés, et de l'état d'associés à celui de citoyens. Nous avons proclamé qu'il n'y avait pas pour nous de races inférieures et que la couleur de la peau ne pouvait avoir aucune influence sur nos rapports avec ces peuples lointains et si longtemps oubliés.

Qu'avons-nous donc à craindre d'un tel divorce s'il venait à se produire ? Justement parce que nous avons apporté dans nos rapports avec ces différents peuples des procédés de justice, de bonté et de tolérance, nous avons conquis leur affection et leur respect. Voilà près de deux siècles que le Canada ne nous appartient plus et on parle toujours Français au Canada ; la littérature française, c'est-à-dire notre pensée, y règne toujours ; nos relations économiques y sont chaque jour plus étroites (témoin le succès récent du train canadien). En Louisiane, notre souvenir est respecté et toujours vivant ; à Hahiti, où nous restâmes si peu, le souvenir de nos travaux et de nos efforts est bien souvent évoqué. Qui ignore l'affection profonde et reconnaissante que gardent à la France, dont ils ont conservé la langue et l'empreinte, les habitants de l'île Maurice ? Les Antilles ne sont plus des colonies, mais des Départements français au fond du golfe du Mexique. Elles auraient pu, en vue de profits économiques certains. prêter l'oreille aux voix tentatrices venues des Etats-Unis. Or, je puis affirmer, car j'en ai été le témoin ému pendant la guerre et au moment de la visite que je reçus du Président Roosevelt, que la Martinique (et sans doute aussi la Guadeloupe) n'aurait jamais accepté de ne plus être française. même si la France avait été vaincue, surtout si elle avait été vaincue. Et, malgré le temps écoulé, il n'est pas un citoyen de Sainte-Lucie et de la Dominique qui ne continue à parler Français et à regarder du côté d'où leur vinrent autrefois les maîtres généreux et respectueux de leurs droits.

Non, je le sens, cette crainte est vaine. Nous pourrions un jour perdre notre domination matérielle ; nous ne perdrons jamais notre autorité morale et notre influence intellectuelle. Là où d'autres ont régné par la crainte, nous avons régné par l'amour. Nous avons fait œuvre économique (et pourquoi pas, si les profits sont partagés ?) Mais nous avons accompli surtout une œuvre de solidarité humaine. Partout où la France a passé, l'âme de la France demeure.

DISCOURS DE M. LUCIEN HUBERT

Je me fais avec plaisir votre interprète pour remercier mon ami Camille Guy de sa très belle conférence. Il a su allier la sûreté d'information de l'Agrégé d'Histoire et de Géographie à l'expérience de l'homme d'action mêlé depuis si longtemps à la grande œuvre colonisatrice à laquelle il a pris une part si décisive, si brillante et si utile. Et nous l'avons applaudi avec joie.

Et maintenant, mon cher ami, que je vous ai remercié et que j'ai rempli ainsi la partie la plus agréable et facile de mon rôle de président, me voilà bien embarrassé.

J'ai connu jadis un vieux professeur qui aimait tellement son métier que, lorsqu'il nous interrogeait, il commençait régulièrement par traiter la question posée dans ses moindres détails ; après quoi il nous disait : « Continuez ». A quarante ans de distance, je retrouve une situation identique, avec cette différence que le vieux professeur est remplacé par une pléïade de conférenciers jeunes et ardents dont la plupart sont devant moi et qui me disent à leur tour : « continuez ». Si bien que je me vois dans la nécessité [de faire ce que je faisais avec mon vieux professeur : essayer de reprendre quelques bribes de ce qu'ils ont dit si bien et que je tâcherai d'exprimer le moins mal possible.

On vous a dit de façon telle que je ne devais même pas y revenir, dans les belles conférences que vous avez entendues, l'utilité de l'œuvre colonisatrice ; on vous a indiqué, avec une éloquence à laquelle je ne prétends point et une sûreté d'information qui n'est pas la mienne, que l'évolution s'achevait, que ses phases s'étaient superposées logiquement, harmonieusement, oserai-je dire. Au soldat qui avait laissé derrière lui la paix française, gage et sûreté du développement des pays ouverts par l'explorateur, a succédé l'homme auquel va aussi notre reconnaissance, le diplomate qui a fait quelque chose que nulle part, peut-être, on n'a fait avec plus de méthode : l'unité, cette unité que, sans doute nous sommes allés chercher, sous les sourires de nos rivaux, jusque dans les sables du désert, mais qui est devenue le symbole de la puissance et la clef de l'avenir.

Puis, quand le diplomate nous eut forgé devant les regards du monde cet empire magnifique qui est aujourd'hui le nôtre, nous avons vu arriver l'administrateur, cet administrateur que vous avez incarné si brillamment. Et l'administrateur a pu commencer à organiser.

Eh bien ! nous avons le droit vraiment de dire qu'à ce point de vue, tout, ou à peu près tout, est au point. Mais il reste maintenant à utiliser ce bel empire, il faut en tirer parti.

Vous avez dit que la politique coloniale française était devenue une politique des matières premières.

C'est bien vrai et nul grand cataclysme ne l'a mieux prouvé et ne nous a imposé cette vérité plus brutalement que la guerre. Ce n'est pas d'ailleurs renoncer à tous ces beaux et grands principes qui nous ont guidés dans le passé, qui ne nous abandonneront pas dans l'avenir, que de nous vouer à une besogne peut-être un peu moins brillante en apparence, mais indispensable à la vie même de notre pays ! On reste effrayé quand on pense au parti dérisoire que nous tirons de notre admirable réserve coloniale, quand on pense qu'au point de vue du coton, nos colonies ne nous donnent pas le centième de notre consommation et que nous sommes tributaires de l'étranger, rien que dans ce compartiment, pour une somme qui a pu atteindre, avec la baisse du franc, environ 5 milliards, quand on pense aussi qu'au point de vue de la laine, qui est la cousine germaine du coton, ou sa sœur si l'on veut, nous utilisons 300.000 tonnes sur lesquelles la France et ses colonies en fournissent à peine 15.000.

On reste d'autant plus effrayé que ce n'est pas en un jour que nous allons résoudre le problème du coton et de la laine. On nous dit bien que l'on envoie à Madagascar des troupeaux mérinos, 5.000, 10.000 têtes, que sais-je ; c'est un effort que l'on s'accorde, tout au moins au Ministère, à considérer comme remarquable. Mais savez-vous que pour nous donner notre consommation de 300.000 tonnes, il faudrait cent millions de moutons ! Et quand nous comparons les quelques milliers de têtes que nous envoyons, et que nous avons raison d'envoyer, car il faut bien commencer, nous nous disons que nous ne sommes pas au bout de nos peines ! J'en dirai autant pour le coton, ce sont des années de travail et surtout de volonté et de foi qu'il nous faudra pour assurer une partie de notre consommation et je serais bien heureux d'envisager, d'ici une dizaine d'années, la fourniture de la moitié de nos besoins.

Il ne faut donc pas, comme on l'a fait parfois, laisser croire à l'opinion publique que les colonies sont une sorte d'Eden, où il n'y a qu'à porter le regard pour faire jaillir les produits que réclame notre alimentation.

Ceci posé, il est certain que nous devons nous mettre à l'œuvre résolument. En réalité, il n'y a pas plus de trois ou quatre ans que le Ministère des Colonies a compris cette grande vérité de la politique des matières premières. Ce n'est pas un reproche ni un blâme ; il avait d'autres choses en tête, et, peut-être, le péril lui apparaissait-il moins grand que ne l'ont fait les circonstances présentes. Il se rend compte aujourd'hui, et nous l'en félicitons, qu'il s'agit d'exploiter tout ce beau domaine. Pour exploiter, il faut se préoccuper en premier lieu de ce que j'appelle « l'aménagement humain ».

L'aménagement humain, c'est en réalité la création de la main d'œuvre, mais d'une main d'œuvre conçue avec les principes sociaux d'aujourd'hui. Quand M. Carde, récemment, disait dans un discours : « Il faut faire du nègre », il voulait dire bien entendu : il faut faire du nègre heureux, du nègre libre, du nègre qui ait intérêt et joie à vivre dans les conditions de bonheur et de sécurité qu'il nous doit. La politique coloniale, tout au moins dans ces pays d'Afrique occidentale ou équatoriale, c'est en effet une création d'humanité et là, précisément, l'intérêt de la nation civilisatrice se trouve d'accord avec son devoir.

Ce n'est pas tout de créer de la main d'œuvre,

ce n'est pas tout de se consacrer à cet aménagement humain qui est le talisman de la production future, il faut aussi, comme le disait si éloquemment mon ami Guy, créer l'outillage économique. Ce n'est pas tout d'avoir de la main d'œuvre dans un pays où les produits ne pourraient pas emprunter la route pour circuler ou le chemin de fer pour gagner la côte ; il faut équiper la colonie ; alors seulement on pourra vraiment organiser le travail, créer des services sérieux d'agriculture ; organiser des stations d'essai et surtout utiliser, après les avoir découverts, les spécialistes de la production.

Une de nos grandes stupéfactions, à la commission sénatoriale des colonies, lorsque nous entendions l'autre jour le directeur d'une des grandes agences économiques de Paris, fut d'apprendre qu'on venait de se décider, à envoyer un homme du métier pour étudier la production cotonnière ! Il nous apparaissait vraiment qu'on avait mis un peu trop de temps à s'apercevoir que le Docteur Forbs, par exemple, que vient d'engager l'Afrique Occidentale, était supérieur, quelque respect que j'aie pour mes amis de l'Administration, au plus supérieur d'entre eux dans le domaine cotonnier.

Mais enfin, nous entrons dans la bonne voie et je m'en félicite. Sur la question de l'outillage économique, je me garderai bien d'ajouter autre chose à ce qu'a dit notre brillant conférencier de ce soir ; il vous a parlé du programme Sarraut. C'est évidemment là où nous irons puiser dans l'avenir. A vrai dire, le programme Sarraut, surtout dans les circonstances que nous traversons, n'est pas un bloc. Pour appliquer d'un bloc un programme de cette envergure, il faut trouver des milliards à une heure où on les trouve avec peine. Mais c'est un monument qu'il était indispensable de dresser et qui a le mérite de nous montrer d'ensemble l'œuvre qu'il faudra tout de même accomplir. Et nous nous devons d'entamer un tel programme le plus vite possible.

Je suppose maintenant que le marché est outillé. Comme nous le montrait M. Guy, il va falloir le mettre à notre portée. Il ne suffit pas d'outiller un marché qui resterait trop loin et dont on ne pourrait se servir. Pour le mettre à notre portée, nous voilà amenés à la création du réseau maritime qui va reduire les distances.

Or, pour l'instant, ce réseau maritime est bien imparfait ; à part l'Afrique occidentale française, où il fonctionne à peu près parce qu'elle est à sept jours de France, on peut dire qu'il est presque inexistant dans nos autres colonies : Antilles, Madagascar, ou Indo-Chine !

Il y a des mois et des mois qu'on parle de doubler la ligne du Tonkin, et on ne le fait jamais. Aux Indes, on a suprimé récemment l'unique service français. Quant à l'Océanie, elle voit tous les trois mois un vague bateau qui est passé par Panama et les Antilles et qui lui rend visite comme par acquit de conscience.

Nous aurons un gros effort à faire, et quand il sera fait, il ne suffira pas d'avoir créé les lignes, il faudra qu'on puisse s'en servir, et, pour qu'on puisse s'en servir, il faudra que des tarifs prohibitifs ne les rendent pas inutiles après qu'on les aura créées !

Mais continuons. Voilà ouvert le grand marché, et le voilà mis à notre portée par le réseau maritime, il restera encore quelque chose à faire. Il faudra que les produits entrent, et, comme vous l'a dit M. Guy, là va se substituer au réseau maritime le réseau douanier. C'est par le réseau douanier que nous allons enfin pouvoir jouir de la production de notre empire colonial, car, si le réseau maritime réduit les distances, le réseau douanier seul rendra ce geste efficace.

Je ne suis pas un spécialiste en matière douanière, loin de là, mais tout de même j'ai une vague idée que le régime de 1892 n'a satisfait personne. Il est difficile, d'ailleurs, de marier le protectionnisme et le libre échange, et je ne m'y essayerai pas ce soir, mais il y a une formule qui me séduit assez en matière coloniale, c'est celle de « personnalité douanière ». Elle résume en somme ce que vous avez expliqué, mon cher Guy avec tant d'éloquence, de simplicité et de raison. Cela ne veut pas dire « l'autonomie », mais, du fait qu'on a trouvé, le nom cela veut dire qu'on a compris que les colonies sont à des distances différentes de la Métropole, qu'elles ont un développement économique très inégal et qu'elles appartiennent à des milieux économiques très différents. Ceci posé, on peut songer à passer de l'assimilation douanière aux tarifs individualisés personnels, adéquats en un mot à la situation respective de chacune de nos colonies. Bien entendu ces tarifs spécialisés nécessiteraient la ratification du Parlement, et aussi, quoi qu'il arrive, la franchise serait maintenue aux produits français.

Mais cela, c'est l'avenir. Pour l'instant, je crois qu'en matière douanière, nous devons nous inspirer, provisoirement tout au moins, de deux idées essentielles : d'abord, favoriser nos produits coloniaux par rapport aux produits similaires de l'étranger, et, en second lieu, ne pas défendre aussi jalousement nos colonies contre l'entrée des produits qu'elles trouvent à leurs portes, singulièrement moins chers qu'ailleurs. Cela s'appelle : favoriser leur développement, et, favoriser leur développement, c'est notre intérêt, et ce devra être notre but.

Mesdames et messieurs j'abuse de votre bienveillance. Heureusement, l'évocation sévère du douanier me rappelle que, vraiment, je ne dois plus rien avoir à vous déclarer.

Si pourtant ! c'est que rien ne peut être plus profitable à la cause coloniale, que la rencontre de conférenciers comme ceux que vous avez su choisir, et d'auditoires comme ceux que vous avez su leur offrir, et je reste très fier de l'honneur qui m'est fait ce soir, d'être le trait d'union entre un tel orateur et un tel public.

TABLE DES MATIÈRES

Imprimerie Bussière. — Saint-Amand (Cher).